三峡生态经济合作区
经济社会发展报告·2018绿色发展

主　编：王大发
编　委：（按姓氏笔画排序）
　　　　于成林　王伊亮　朱新星　刘治国
　　　　刘道兴　李玉邦　李继明　杨琦明
　　　　沈善华　张和平　陈　涛　郭　强
　　　　崔中建　彭亿峰　韩　林　覃章梁

华中科技大学出版社
http://www.hustp.com
中国·武汉

图书在版编目(CIP)数据

三峡生态经济合作区经济社会发展报告.2018:绿色发展/王大发主编.—武汉:华中科技大学出版社,2018.12
ISBN 978-7-5680-4906-1

Ⅰ.①三… Ⅱ.①王… Ⅲ.①绿色经济-经济发展-研究报告-中国- 2018 Ⅳ.①F127②D668

中国版本图书馆 CIP 数据核字(2018)第 298265 号

三峡生态经济合作区经济社会发展报告·2018 绿色发展
Sanxia Shengtai Jingji Hezuoqu Jingji Shehui Fazhan Baogao·2018 Lüse Fazhan

王大发　主编

策划编辑：陈建安	
责任编辑：张利艳	
封面设计：王茹鑫	
责任校对：张会军	
责任监印：周治超	
出版发行：华中科技大学出版社(中国·武汉)	电话：(027)81321913
武汉市东湖新技术开发区华工科技园	邮编：430223
印　　刷：荆州市安鑫彩印有限公司	
开　　本：710mm×1000mm　1/16	
印　　张：15.5	
字　　数：176千字	
版　　次：2018年12月第1版第1次印刷	
定　　价：62.00元	

本书若有印装质量问题，请向出版社营销中心调换
全国免费服务热线：400-6679-118　竭诚为您服务
版权所有　侵权必究

前言

2016年,习近平在推动长江经济带发展座谈会上强调:"要把修复长江生态环境摆在压倒性位置,共抓大保护,不搞大开发。"在这一重要讲话精神指导下,国家"十三五"规划提出建设"三峡生态经济合作区"。推进三峡生态经济合作区建设正式成为国家战略。在此大背景下,为充分发挥党校系统在服务三峡生态经济合作区建设中的作用,更好地推动中央政策在长江区域落实落地,中共宜昌市委党校与中共岳阳市委党校、中共重庆市万州区委党校共同倡议成立三峡生态经济合作区党校协作会。2017年,三峡生态经济合作区党校协作会应时而生。

中共宜昌市委党校作为三峡生态经济合作区党校协作会首届轮值党校,顺应长江经济带"共抓大保护、不搞大开发"的发展大势,聚焦"绿色发展·党校作为"主题,举办了党校协作会首届学术论坛,各成员单位围绕此主题组织开展了论文撰写及投稿工作,论坛收到论文57篇,并于2018年1月举办了"绿色发展·党校作为"理论研讨会。

为进一步呈现"绿色发展·党校作为"学术论坛成果,提升三峡生态经济合作区党校协作会的运行质量,为三峡生态经济合作区建设提供决策参考,中共宜昌市委党校作为论坛举办方从收到的论文中选取22篇,组织力量集中编撰了《三峡生态经济合作区经济社会发展报告·2018绿色发展》一书。本书分为"总论""政策""产业""生态""党校作为"五大板块。总论篇收录文章3篇,主要从马克思主义的生态观、习近平生态文明思想、绿色生产生活方式等方面论述了生态文明思想的理论渊源,诠释了坚持绿色发展的重要性。政策篇收录文章3篇,主要从政策层面论述加强绿色发展必须在完善绿色发展理念的政策举措、强化法治保障上下功夫,并指出了当前推进绿色发展在政策实施、法治制度等方面存在的难题,提出了强化绿色发展必须强化顶层制度设计的观点。产业篇收录文章6篇,主要从产业发展的视角论述三峡生态经济合作区绿色发展的广阔前景,提出了三峡生态经济合作区应探索旅游、康养、绿色金融、循环经济等发展模式的构想,主张三峡生态经济合作区推进绿色发展要在强化一体化上努力。生态篇收录论文7篇,主要从各地推进绿色发展、实施生态治理、开展跨区域生态合作的绿色实践出发,总结了三峡生态经济合作区推进绿色发展、实现绿水青山的战略目标积累的实践经验。党校作为篇收录论文3篇,主要论述了三峡生态经济合作区建设中党校的职能与定位、党校的作用发挥等问题,探讨了党校服务三峡生态经济合作区建设的路径。

本书紧扣时代热点问题,以习近平关于长江经济带"共抓大保护,不搞大开发"重要讲话精神为出发点,以解决跨区域范围内绿色发展问题为研究视角,结合绿色发展理论前沿问题、区域内绿色发展的现状,从理论、政策、实践层面探讨了绿色发展的重要意义,总结了主要经验,提出了政策建议,为三峡生态经济合作区转变发展方式、践行绿色发展理念、推动高质量发展提供参考。

本书的出版将为党校开发绿色发展专题研究、加强干部教育培训提供地方教材,为服务地方经济社会发展、推进三峡生态经济合作区建设贡献党校智慧,为党校强化智库建设提供成果展示平台。

编者

2018 年 9 月

目录 Contents

总论篇

3　马克思主义生态观的三个逻辑维度
9　习近平生态文明思想的核心要义及时代价值
17　绿色发展与消费主义的较量

政策篇

31　让绿色成为三峡生态经济合作区发展的鲜明底色
40　绿色发展的理念、困惑与路径
48　恩施州绿色崛起的法治之道

产业篇

65　生态经济背景下长江三峡地区产业体系建设研究
79　以绿色发展理念引领三峡库区第三产业发展
　　　——以重庆市万州区为例

90　绿色发展视域下龙溪河流域生态经济带协同一体化发展研究
103　宜昌市绿色低碳循环发展产业体系建设研究
113　生态水城：常德践行绿色发展理念的路径选择
123　以绿色发展理念打造城口县生态养老产业

生态篇

135　宜昌市绿色发展的路径研究
　　　——基于长江经济带共抓大保护，不搞大开发的时代背景
149　渝东北片区绿色发展路径探析
159　以乡村游新路径开启荆门绿色农村发展的新征程
169　打造昭君故里生态文化旅游品牌的路径思考
186　宜昌市乡村生态治理研究
196　三峡库区加快发展特色生态效益农业的思考
　　　——以奉节县为例
203　发展全域旅游　实现绿色崛起

党校作为篇

215　党校在践行绿色发展理念中的角色定位与职能发挥
223　渝东北片区基层党校绿色教育的困境及对策研究
231　地方党校融入三峡生态经济合作区绿色发展的路径分析

总论篇

马克思主义生态观的三个逻辑维度

(中共荆州市委党校 侯礼文)

人与自然的关系是马克思主义生态观的一个理论主题。在马克思、恩格斯所处的时代,自然环境问题虽然没有像今天这样严重,但是,马克思、恩格斯在领导无产阶级解放运动的过程中,一直坚信人类还面临着另外一个根本问题:人与自然的关系问题。在他们看来,人类社会面临着两大变革,那就是"人与自然的和解"以及"人与自身的和解"。由于特定的历史条件,马克思主义生态观的理论,只是断断续续地分布在马克思、恩格斯的相关著作中。马克思、恩格斯揭示了人与自然的相互关系,揭示了资本主义对生态环境造成的破坏,揭示了社会主义与生态文明的内在一致性。

一、人与自然关系的逻辑维度

人与自然的关系是马克思主义生态观的一个基本范畴,马克思主义生态观是以论述人与自然的辩证关系为基础的。

其一,马克思、恩格斯认为人是自然界的一部分。"人直接地是自然存在物。人作为自然存在物,而且作为有生命的自然存在物,一方面具有自然力、生命力,是能动的自然存在物……"[1]在论述人首先是自然界一部分的基础上,马克思的《1844年经济学哲学手稿》给出了"社会是人与自然完整统一体"的思想。马克思、恩格斯从劳动出发,强调了正是人的生产劳动以及由它所展开的工业才使得人与自然之间发生了现实的、历史的交往关系。

其二,马克思、恩格斯强调了自然界作为人的无机身体的特性。"自然界,就它本身不是人的身体而言,是人的无机的身体。人靠自然界生活。"[2]人类在生产中经过人与自然的物质、能量变换,把自然这个无机的身体部分地变成了自己有机的身体,维系和延伸着人类的物理存在。马克思主义生态观认为,在现实世界中,自然界具有"优先地位",但这个自然界已经不是原始的自然界,而是"人类学的自然界"。马克思、恩格斯强调人类利益是人类一切认识和实践活动的出发点和归宿。因为"人们决不是首先处在这种对外界物的理论关系中……而是积极地活动,通过活动来取得一定的外界物,从而满足自己的需要"[3]。

总之,马克思指出,自然的人化和人的自然化构成人与自然辩证统一的历史过程。一方面,人与自然是不可分离的,它们各自通过对方来规定自己、展现自己;另一方面,它们又是互相渗透、互相作用的,人类作为自然界整体的一部分,必须服从它的内在规律,必须承认外部自然或第一自然的优先性,但是同时人类又可以作用于他所产生的第二自然。人在实践中只能尊重自然,按照自然显现出来的规律来改造自然。人类活动的目的设定必须从属于自然物质的规律性,"不以伟大的自然规律为依据的人类计划,只会带来灾难"[4]。基于此,马克思主义包含了认真处理人与自然关系的生态理性逻辑。

二、资本主义本性必然造成生态破坏的逻辑维度

马克思、恩格斯早就预见资本主义的生产方式会对自然资源造成破坏,因为他们看到了劳动过程所蕴含的两重性。劳动是人与自然之间的物质交换,是解决人与自然关系的现实活动。

首先,在反映人与自然以及人与人之间的关系的基础上,马克思提出了异化劳动。马克思借助异化劳动的概念,初步探讨了人类历史发展的客观规律,这也是构成马克思主义生态观的一个重要组成部分。"异化不仅表现在结果上,而且表现在生产行为中,表现在生产活动本身。"[5]根据马克思的观点,人和自然界是一体的,劳动应该是人的本质的体现,是人的需要,是一种自愿的活动。人只有通过实践劳动才能实现与自然界的真正统一。但是资本主义制度下的劳动,在扰乱自然界物质循环的同时,也损害了人类自身。因此,马克思认为,当时的环境问题是集体劳动异化的结果,是资本主义工业化和都市化的结果。

其次,马克思、恩格斯深刻揭露了在资本主义生产资料私有制下,资本家为了追求利润而毫无节制地开发、利用自然。在追求剩余价值最大化的利益驱动下,资本家根本不会考虑生产给环境和资源造成的破坏,因为他们认为这些都是免费的,不会对价值的形成产生任何影响。这不仅是由资本主义私有制造成的,更是资本主义的生产方式所致。"资本主义生产方式使它汇集在各大中心的城市人口越来越占优势,这样一来,它一方面聚集着社会的历史动力,另一方面又破坏着人和土地之间的物质交换,也就是使人以衣食形式消费掉的土地的组成部分不能回到土地,从而破坏土地

持久肥力的永恒的自然条件。"[6]换言之,资本家为了追求利润的最大化,不仅摧残了劳动者,也使土地等资源枯竭,造成了严重的生态破坏。

马克思、恩格斯揭示了资本主义制度下人与自然、人与人之间关系的本质。在资本主义社会中,人们为了满足需求而同自然斗争,但他们的斗争是在一种规定的方式下,即在雇佣劳动的条件下进行的,这与其他的社会斗争形成了鲜明的对比。从这一论述出发,我们可以很自然地得出结论,在资本主义社会,要真正实现生态保护,不仅仅要改变人为了满足自身欲望而过度控制自然的观念,而且要把这一改变同改变资本主义生产方式结合在一起。

三、社会主义与生态文明内在一致的逻辑维度

马克思、恩格斯认为,生态问题从根本上说是资本主义制度所造成的。他们明确提出:需要"对我们的直到目前为止的生产方式以及同这种生产方式一起对我们的现今的整个社会制度实行完全的变革"[5]。在马克思、恩格斯看来,资本主义私有制必然导致生产的无政府状态,资本主义社会不可能有计划地调节人与自然的关系。而且只有"一个能够有计划地生产和分配的自觉的社会生产组织,才能在社会关系方面把人从其余的动物中提升出来"[7]。这也就是说,只有彻底根除资本主义制度,实现共产主义社会,才能克服人与人、人与自然之间的对立。在社会主义社会,生产资料的公有制和有计划的生产、分配以及社会主义的生产目的(为满足人的真正需要而进行生产)将克服资本主义社会盲目追求利润带来的对自然的破坏,实现人与自然的协调发展。

可见,马克思主义生态观认为,要实现人与自然的和谐发展首先要建立先进的社会制度。资本主义的利润动机促使人们不断追求最大限度的生产和消费,而不考虑对自然资源的开发利用是否合理。这样一种经济理性思维必然导致生态环境遭到破坏,造成生态危机。因此,必须改变资本主义的利润动机,消灭资本主义生产方式,而代之以社会主义生产方式,才能建立生态理性思维,尽可能用较少的劳动、资本和资源生产出具有高使用价值的东西。只有这样,才能满足人们真实的需要,实现人的全面健康发展。

总而言之,马克思主义生态观为我们今天加强生态环境保护、建设社会主义生态文明提供了理论基础和思想动力。正是在实现"人与自然的和解"这一主题指引下,马克思、恩格斯对资本主义生产方式下人与自然的关系进行了全面的考察,对人与自然关系"异化"的历程进行了全面回顾,进而提出了一系列鞭辟入里的生态学见解。马克思主义生态观主张从反对资本主义生产方式、建设社会主义先进制度的高度来为生态危机提供"药方",无疑与新时代中国特色社会主义建设的生态诉求具有内在一致性。

参考文献

[1] 马克思.1844年经济学哲学手稿[M].北京:人民出版社,2002.

[2] 马克思,恩格斯.马克思恩格斯全集(第42卷)[M].北京:人民出版社,1979.

[3] 马克思,恩格斯.马克思恩格斯全集(第19卷)[M].北京:人民出版社,1963.

[4] 马克思,恩格斯.马克思恩格斯全集(第31卷)[M].北京:人民

出版社,1972.

[5]马克思,恩格斯.马克思恩格斯选集(第1卷)[M].北京:人民出版社,1995.

[6]马克思,恩格斯.马克思恩格斯全集(第23卷)[M].北京:人民出版社,1972.

[7]马克思,恩格斯.马克思恩格斯全集(第30卷)[M].北京:人民出版社,1995.

习近平生态文明思想的核心要义及时代价值

(中共忠县县委党校 梁锐)

生态文明思想是习近平治国理政的重要思想之一。准确把握习近平生态文明思想的理论渊源和核心内容,对于破解当前我国经济社会发展难题,建设富强民主文明和谐美丽的社会主义现代化强国具有重要的现实意义。

一、习近平生态文明思想的理论渊源

中国共产党以马克思列宁主义、毛泽东思想、邓小平理论、"三个代表"重要思想、科学发展观、习近平新时代中国特色社会主义思想作为自己的行动指南。面对新时代的社会新需求和社会新矛盾,习近平提出的生态文明思想,是中国特色社会主义生态文明思想的重要组成部分。

(一)马克思主义生态环境思想

马克思指出:"人不仅仅是自然存在物,而且是人的自然存在物,就是说,是自为地存在着的存在物,因而是类存在物。"[1]简单而言就是人与自然是一个有机的整体,这是马克思、恩格斯生态环境思想的哲学起点。这些生态环境思想及其观点融入其著作之中。习近平传承马克思主义生态环境思想,遵循自然规律,结合当前中国发展的时代特征,提出生态文明思想,进一步坚持、丰富和发展了马克思主义生态环境思想的内涵。

(二)毛泽东等国家领导人关于生态文明建设的主要观点

在长期的革命和建设历程中,毛泽东留下了许多关于生态文明的真知灼见,特别是水利是农业的命脉、工业要均衡布局、植树造林绿化祖国、厉行节约反对浪费、资源利用要有计划等一系列的观点,为我国推进生态文明建设奠定了理论基础。

改革开放以来,邓小平强调在以经济建设为中心的同时,要兼顾经济发展与人口、资源、环境的协调发展,强调注重依靠法制和科学技术来解决生态问题。江泽民强调把控制人口、节约资源、保护环境放到重要位置,实施可持续发展战略,走生产发展、生活富裕、生态良好的文明发展道路,加快生态环境保护的法制化进程和加强国际交流。胡锦涛提出了以人为本的科学发展观,明确提出大力推进生态文明建设,建设美丽中国,强调要优化国土空间开发格局,全面促进资源节约,加大自然生态系统和环境保护力度,加强生态文明制度建设。这些重要思想,是习近平生态文明思想的直接理论来源。在此基础上,习近平把生态文明思想融入时代特征,立足现实国情,明确提出新发展理念,即创新、协调、绿色、开放、共享的发展理念,并在党的十九大上强调,加快生态文明体制改革,建设美丽中国。

(三)中国传统文化中的生态文明思想

中华民族五千年的传统文化蕴含着丰富的生态文明思想。儒家"天人合一"的思想,整体回答了"如何理解"以及"怎样处理"人与自然的关系这两个重大问题,为生态文明建设提供了重要思想资源。道家的"道法自然"思想,主张天、地、人三者之间自然共生,共同遵循"自然"法则,实现天人和谐,由此引申出各种丰富的生态思想。虽然这些理论带有朴素的直观性,却彰显出当时人们对生活的感悟。这些中国传统文化思想为延续和发展中华民族五千年的文明史提供了道德基础,为生态文明建设和现代生态学的发展提供了理论支撑。

二、习近平生态文明思想的核心观点

习近平在党的十九大报告中指出,到21世纪中叶要"把我国建成富强民主文明和谐美丽的社会主义现代化强国"。"美丽"一词首次被写入我国社会主义现代化强国目标,实现了与"五位一体"总体布局的科学对接。显然,生态文明思想已经融入经济建设、政治建设、文化建设、社会建设的方方面面。我们可以从四个方面对习近平生态文明思想的核心观点进行归纳。

(一)经济建设与绿色发展:倡导绿色GDP,发展绿色经济

2013年9月7日,习近平在纳扎尔巴耶夫大学提出了"既要绿水青山,也要金山银山。宁要绿水青山,不要金山银山,而且绿水

青山就是金山银山"。"两山"论用通俗的语言阐述了生态与经济的辩证关系,蕴含了深刻的哲理,是习近平生态文明思想的形象总结。"既要绿水青山,也要金山银山",即是说要做到在发展中保护、在保护中发展,不能因为保护环境而不敢迈出发展的步伐,也不能因为发展而破坏环境,强调实现生态环境保护与经济社会发展的统一;"宁要绿水青山,不要金山银山",突出了生态环境保护的优先位置,强调坚决摒弃以牺牲生态环境换取一时一地经济增长的做法和损害甚至破坏生态环境的发展模式;"绿水青山就是金山银山",则凸显了生态环境保护与经济发展的辩证转化,强调走生态优先、绿色发展之路,使绿水青山产生巨大生态效益、经济效益、社会效益。从这里看,绿色发展与经济发展是完全可以融合的,绿色发展是对发展方式的重新认识。

(二)政治建设与绿色发展:严守生态保护红线,留住绿水青山

2013年5月24日,习近平在主持十八届中央政治局第六次集体学习时指出,"要牢固树立生态红线的观念。在生态环境保护问题上,就是要不能越雷池一步,否则就应该受到惩罚"。生态保护红线是维护生态安全的底线。首先,要完善考评体系。要改变传统的领导干部政绩考核评价标准,在考核评价体系中充分体现节约资源、保护环境的要求。正如2013年6月28日习近平在全国组织工作会议上的讲话中强调:"要改进考核方法手段,既看发展又看基础,既看显绩又看潜绩,把民生改善、社会进步、生态效益等指标和实绩作为重要考核内容,再也不能简单以国内生产总值增

长率来论英雄了。"其次,建立生态环境损害责任终身追究制。建立生态环境损害责任终身追究制,既是对环境、对人民负责,也是对企业负责。其目的在于以追责的压力警示决策者树立正确的政绩观,强化权责意识,自觉在推进治国理政、为民服务的实践中践行绿色发展理念,改变以牺牲生态利益而片面追求经济发展速度的做法。

(三)文化建设与绿色发展:生态兴则文明兴,生态衰则文明衰

"生态兴则文明兴,生态衰则文明衰。"习近平将生态文明建设的重要性上升到人类文明兴衰的层面,揭示了生态决定文明兴衰的客观规律。生态兴则文明兴。综观中国、古巴比伦、古埃及、古印度四大文明古国,都发源于水量丰沛、森林茂密、田野肥沃、生态良好的地区。正是先有"生态兴",勤劳智慧的四大古国人民才得以在此基础上创造出闻名世界的繁荣盛景和灿烂文化,即"文明兴"。生态衰则文明衰。习近平引用了恩格斯的原话加以说明:"美索不达米亚、希腊、小亚细亚以及其他各地的居民,为了得到耕地,毁灭了森林,但是他们做梦也想不到,这些地方今天竟因此而成为不毛之地。"过度放牧、过度伐木、过度垦荒和盲目灌溉等,让植被锐减、洪水泛滥、河渠淤塞、气候异常、土地沙化……生态惨遭破坏,它所支持的生活和生产也难以为继,并最终导致了文明的衰落或中心的转移。推进生态文明建设,是人与自然关系的一次进步,是保护和发展生产力的客观要求,是社会文明进步的重要标志,更是功在当代、利在千秋的伟大工程。

（四）社会建设与绿色发展：坚持以人民为中心，增进民生福祉

2013年4月，习近平在海南考察时指出，"良好生态环境是最公平的公共产品，是最普惠的民生福祉"。绿色发展不仅是经济问题，而且是生态问题，更是民生问题。当前人民群众的迫切向往就是拥有良好的生态环境，因此我们要下大力气解决好生态问题，把建设美丽中国放在更加突出的位置上来。2015年3月6日，在参加十二届全国人大三次会议江西代表团审议时，习近平再次提出："环境就是民生，青山就是美丽，蓝天也是幸福。"这一论述再一次强调了生态与民生的关系，良好的生态环境能够为人们的生存发展提供良好的条件，是最公平的社会公共产品，所以说它是最普惠的民生福祉。

三、习近平生态文明思想的现实意义

习近平生态文明思想积极回应现实需要，旨在用中国思维、中国智慧、中国话语、中国方案来解决中国的现实难题，突破中国的发展瓶颈。

（一）彰显了中国共产党以人民为中心的价值追求

习近平将生态环境作为改善民生的重要内容加以强调，突出绿色发展中生态环境的绿色福利理念，这说明生态文明建设是功在当代、利在千秋的伟大事业。唯物史观认为，人民群众是历史的

主体,是历史的创造者。只有坚守以人民为中心的发展理念,我们才能依靠人民的力量改造世界,实现中华民族伟大复兴的中国梦。习近平生态文明思想蕴含了以人民为中心的发展思想,体现了一切为了人民,一切依靠人民,发展成果由人民共享;契合了民生福祉,坚持以人民为中心的价值取向,丰富与发展了马克思主义的生态环境思想。

(二)促进了生态文明体制机制建设

生态文明建设涉及方方面面的问题,有生态环境本身的问题,也有各种可能涉及生态环境的自然因素、制度因素等。因此,要把这些可能影响生态文明建设的因素通过制度加以严格地规范,从而为生态文明建设提供可靠的制度保障。习近平在党的十九大报告中提出的"要加快建立绿色生产和消费的法律制度和政策导向""健全环保信用评价、信息强制性披露、严惩重罚等制度""完善天然林保护制度""建立市场化、多元化生态补偿机制""改革生态环境监管体制"等举措,为我国生态文明建设指明了前进方向,正在促进生态文明体制机制建设进一步完善。

(三)转变了传统经济发展理念

2013年4月,习近平在海南考察时指出:"纵观世界发展史,保护生态环境就是保护生产力,改善生态环境就是发展生产力。"习近平的保护生态环境就是保护生产力的理念,其核心是要正确处理发展经济与保护生态环境的关系,向"竭泽而渔"式脱离环境保护搞经济发展的路子宣战,以绿色理念促进绿色发展,推动产业从传统的要素驱动向创新驱动发展,使中国经济从粗放式发展转向集约化发展,开拓了中国特色社会主义发展的新境界。

(四)彰显了全球环境治理中的大国担当

在美国退出全球气候治理史上具有里程碑意义的《巴黎协定》之际,中国加快推进生态文明建设,倡导绿色、低碳、循环、可持续的生产生活方式,强调携手构建合作共赢、公平合理的气候变化治理机制,继续采取行动应对气候变化,百分之百承担自己的义务,开拓生产发展、生活富裕、生态良好的文明发展道路,展现出负责任的大国形象。习近平生态文明思想拒绝"生态帝国主义"的发展方式,反对"零和博弈",摈弃霸权主义发展思维,为打造人类命运共同体发挥着积极的建设性作用。

综上,习近平生态文明思想继承和发展了马克思主义生态文明思想,丰富和完善了马克思主义理论宝库,同时也为我国政治、经济、社会等方面的创新、协调、绿色、开放、共享发展指出了新思路,为建设富强文明民主和谐美丽的社会主义现代化强国奠定了理论基础。

参考文献

[1]马克思,恩格斯.马克思恩格斯全集(第3卷)[M].北京:人民出版社,2002.

绿色发展与消费主义的较量

(中共宜昌市委党校 佘平飞)

消费主义本质是资本扩张本性导致的通过挖掘消费获利并客观上推动社会前进的价值观念,在一定程度上对社会进步是有积极意义的,但同时它为了促进经济增长而鼓吹过度消费,对践行环境保护、资源节约、促进人与自然和谐理念产生了负面影响。因而消费主义与我们当前正在推进的绿色发展是相冲突的,应对消费主义及其带来的挑战与坚持贯彻落实绿色发展是一场持久的较量,我们必须高度重视。

一、消费主义概念辨析

消费主义是指一种以追求和崇尚过度的物质占有或将消费作为美好生活和人生最高目标的消费观与价值观,以及在这种价值观支配下的生活方式。它诞生于19世纪美国社会的地主和贵族所特有的奢侈消费模式,后来被移植到城市新兴资产阶级身上,到20世纪逐步影响整个社会大众的消费心理。这个过程伴随着生产力的发展和经济全球化的进程迅速席卷全球。

消费主义消费观念与生活方式在全球扩散,并不是经常表现为与个人实际经济条件或国家的实际国情相符合或一致;正相反,它经常表现为一种受某些价值观念和心理因素影响或支配,从而导致的脱离个人或社会经济状况的消费和不顾社会后果的消费,因而消费主义的消费不同于传统的消费行为。为更好地理解消费主义的内涵与实质,不妨从消费主义消费的目的、对象、主体以及动机来分析。

从消费目的来看,消费主义的消费首先是为了再生产的实现和更多利润的获得;其次是不断被刺激起来的消费欲望而非实际基本需要;最后是自我表达、地位认同与身份建构。[1]人们通过消费来发泄情绪,显示与他人的平等。如穿金戴玉、趾高气扬地鄙视他人,一掷千金地购买书画显示自己有学问、有品位,住豪宅、开名车显示自己有地位、有身份……但这些不过是商家为消费者设下的"陷阱"。

从消费的对象来看,消费对象不再主要是商品的使用价值,而主要在于商品的符号象征价值。我们所处的物质世界,实际上已成为一个符号的世界。商品被人为地披上符号的外衣,成为自我表达、自由选择、身份认同、地位象征等的工具。商品通过不同符号的意义的呈现,影响着每一个自觉或不自觉的消费者。

从消费的主体来看,消费主义在资本、科技理性等的控制和操纵下充分利用人的自然本能、欲望,情感和社会认同等社会性需要,以及向往美好生活的需要等特性,利用传媒制造迎合人们某些特性的虚假需求,消解人们反思批判的理性。消费与满足需求颠倒了关系,人们为了消费而消费,沦为赚钱机器、消费机器。

从消费的动机来看,消费主义的背后是资本的无限扩张本性。由于人的基本需求相对容易满足,那么为了社会再生产的实现、更多利润的获得、社会继续向前发展,消费主义刺激人的欲望,使人们把生产者、商人、资本家的利益需求当成自己的真实需求来追求消费,并使消费本身成为一种精神需要,这正是资本创造的消费主义"无所不能的神话"的真实写照。消费主义让广大人民相信"不消费就衰退"。

因此,消费主义更多地表现为社会消费过程中的一种文化现象,它与经济、政治、文化、社会心理等相互影响,带有明显的意识形态功能。它使消费表现出崇尚物质主义、象征意义,以自我为中心,极具差异性与诱导性、超前性和过度性的特征,其实质是消费至上、物质至上的价值观。

随着经济社会的发展进步,绿色发展已经成为当今社会发展的共识。党的十九大报告提出加快生态文明体制改革,建设美丽中国,强调推进绿色发展。习近平深刻指出:"绿色发展,就其要义来讲,是要解决好人与自然和谐共生问题。"绿色发展强调以人为中心,突出生态优先,发展速度、规模合理,人与自然和谐,节约集约利用资源,是先进、高效、清洁、低碳、循环、可持续的发展。绿色发展以资源节约、环境友好、生态保育为主要特征,是一种可持续的发展模式,更是新的价值理念和实践路径。绿色发展核心是绿色经济,包括绿色产业、绿色金融、绿色财政、绿色投资、绿色消费、绿色贸易等,这必然与推崇消费至上、物质至上的消费主义生产生活方式产生冲突。

二、消费主义对绿色发展产生的消极影响

消费主义不可避免地从国家的经济生活逐步渗透到人们的日常生活实践中。它在促进经济增长、推动社会进步上曾起到重要作用,在以消费带动经济增长、促进社会继续向前发展上仍具有积极意义。但是,随着我国社会日益进入以消费为主导的社会,消费主义生产生活方式及其价值观带来的对生态环境的破坏、资源的大量浪费等诸多问题,对于当前践行绿色发展理念,推进绿色发展,建设美丽中国是一个隐秘的挑战。

(一)在个体层面,消费主义引诱不理性的消费,造成社会财富的极大浪费

作为消费者,面对琳琅满目的商品,诱惑太大,"我太喜欢""跟着感觉走"的消费冲动诱导不理性消费。消费主义倡导物越新越好,商家不断研发、制造出新产品。消费主义引诱人们不顾自己的实际消费能力,不考虑引起的社会后果,而进行无节制的消费。例如人们对电脑、手机等电子产品快买快扔,追求新奇的攀比性、挥霍性消费,甚至出现17岁高中生为买iPad卖肾的极端案例。[2]过度消费、奢侈消费、炫耀消费、攀比挥霍性消费等现象屡见不鲜,不仅造成经济浪费、资源浪费,而且扭曲了人们的价值观,使人们极易片面追求物质享受。

（二）在社会层面，消费主义导致严重的环境、资源、健康问题

消费主义必然导致"大量生产、大量消费、大量废弃"的高消费模式，它对资源与环境产生巨大压力，破坏了生态系统平衡，资源的不断破坏和耗尽威胁着人类的生存环境。消费主义背后是对资本的追逐及唯利是图的本性，它使人们追求虚假需求，"最流行的需求包括，按照广告来放松、娱乐、行动和消费，爱或恨别人所爱或所恨的东西"[3]，掩盖生产、消费对资源环境无序的破坏性的开发和利用的真相，对人的身心健康造成危害。例如过度包装，营养过剩，家装污染，食品添加剂等的过多使用导致的食品安全问题，等等。

（三）在国家层面，消费主义推动形成唯物质主义的发展观

经济新常态下，消费成为拉动经济增长最为关键的环节。消费主义背后资本增值扩张的本性，极易形成以消费为导向，挖掘人的需求，但唯需求的极端倾向，上升到国家经济生活的层面就是物质主义的发展观，导致人需求的满足与消费的关系被颠倒，发展的目的极易重新回到"唯增长"的路上。它与我们正在反思的传统的经济发展主义的发展观，都是以物质的经济利益为导向，所不同的是发展主义以生产为导向，"是一种提倡数量、忽视质量；注重经济指标、忽略人文价值；损耗资源、破坏生态的发展观"[4]。须警惕唯物质主义的发展观，经济增长仍然是为增长而增长，人需求的满足与消费的关系被颠倒。我国已由高速增长阶段转向高质量发展阶

段,正处在转变发展方式、优化经济结构、转换增长动力的攻关期。培育新的经济增长点,刺激消费,鼓励消费,促进经济增长,仍然是我国的主要政策、社会发展的重心。因此,一方面要利用消费主义的刺激消费、挖掘消费需求的积极意义,满足人民的基本需求,提升基本需求消费的质量,补齐物质消费不足、不平衡的短板;另一方面必须防止消费主义将人民丰富的消费需求降格为"物化"需求的倾向,否则仍然逃不出旧发展观的窠臼,消费主义仍将是实现绿色发展的劲敌。

三、坚持绿色发展需要破解几道难题

中国社会高速发展,在消费主义的推动下正在逐步走入大众消费社会。当前社会发展中形成了整体的物质丰富与局部的物质匮乏并存,物质需要的基本满足与精神需要等美好生活需要得不到有效满足并存,消费不足与过度消费并存,高消费社会心理与现实相对收入不足并存等问题。这些问题早已超出经济社会的范畴,需要高度重视。消费主义与绿色发展两种价值观之间的较量,将是一场旷日持久的"拉锯战"——资本的力量、无限的欲望与人类生存家园的保护、人类自身的发展进步之间的无硝烟的战争。我们要继续坚持绿色发展理念,必须正视这些问题。

(一)坚持绿色发展理念,要避免消费主义带来的过度消费问题,正确处理消费不足与过度消费的矛盾

消费不足一直是困扰我国经济发展的一个大问题,尤其是贫

困和低收入导致的消费不足,贫困地区、边远山区等区域发展不平衡导致的消费不足。解决消费不足理论上有两种方法,即限制过度生产或是扩大消费。我国最初的选择是扩大消费,通过拉动消费来促进生产发展,即以资本推动制造新的需求满足再生产。中国经济在近40年里发展迅速,GDP逐年增长,人民生活日益富足。尽管中国并未完全进入西方所指的大众消费社会,但消费主义已不可避免地带来了过度消费、破坏生态环境等一系列问题,不利于经济社会的可持续发展。消费不足和过度消费并存成为我国建设生态文明、推进绿色发展面临的一道难题。解决这一难题,必须将限制过度生产与限制过度消费结合起来。一是从生产上入手,淘汰落后产能,解决结构性生产过剩,提高基本需求产品质量。二是从消费上入手,既要切实提高人民的收入,尤其是贫困人口和低收入者的收入水平,增加其消费能力,解决贫富差距过大的问题,同时要警惕过度消费的消费主义价值观,引导人们适度消费。

(二)坚持绿色发展理念,要避免消费主义追求高消费的价值观,正确处理高消费心理与实际收入水平不足的矛盾

经济新常态下,海外市场需求疲弱、人民币升值使出口压力增大,产业升级转型投资乏力,消费成为目前拉动经济增长最为关键的环节。据国家统计局数据,消费对经济增长的拉动作用在持续增强,到2018年上半年消费对经济增长的贡献率已达到78.5%,消费成为经济增长的第一驱动力。与此同时,消费主义正在推动人人向往拥有高消费的普遍社会心理形成,但当前人们的收入差

距较大,实际收入水平与高消费心理并不完全匹配,正在形成新的社会焦虑。据国家统计局数据显示,2016年全国居民人均可支配收入23821元,而全国居民人均消费支出达17111元,人均消费支出占人均可支配收入比例较大。消费主义不停地鼓动消费的这种倾向,在一定程度上推动人类社会不断向前发展。但是我们也要开始反思了,如果环境的破坏根源在于人们拥有太少或者太多,留给我们的疑问就是:多少算够呢?地球能支持什么水平的消费呢?[5]艾伦·杜宁在《多少算够:消费社会与地球的未来》一书中提出的这些问题值得我们对长期以来对待自然的态度、价值观以及消费的目的做深刻反省。

(三)坚持绿色发展理念,要避免消费主义的价值观,正确处理物质消费过剩与精神消费匮乏、美好生活需要得不到有效满足的矛盾

消费主义崇尚物质消费的本性,它对人生意义和价值追求理解物质化的指导,使人们陷入物质消费欲望难以满足的"无底洞"中,造成社会普遍的焦虑心理。党的十九大报告指出,"中国特色社会主义进入新时代,我国社会主要矛盾已经转化为人民日益增长的美好生活需要和不平衡不充分的发展之间的矛盾。"美好生活需要,是在满足基本物质需要基础上的更好更高的要求,是更注重精神上多层面、多样化的需求,如民主、法治、公平、正义、安全、环境等方面的要求。十九大报告同时宣告:"我们要建设的现代化是人与自然和谐共生的现代化,既要创造更多物质财富和精神财富以满足人民日益增长的美好生活需要,也要提供更多优质生态产

品以满足人民日益增长的优美生态环境需要。"社会发展的最终目的是人的全面发展,因此在物质产品极大丰富的时代,我们需要更加关注人的精神需求,创造更多精神产品,提供更优的社会、生态环境。

四、坚持绿色发展推动绿色消费

绿色消费,是指以节约资源和保护环境为特征的消费行为,主要表现为崇尚勤俭节约,减少损失浪费,选择高效、环保的产品和服务,降低消费过程中的资源消耗和污染排放。随着我国生态文明建设的逐步推进,党中央、国务院高度重视贯彻落实绿色发展理念,出台的多个文件均涉及"绿色生活方式"[6]"推动全社会形成绿色消费"[7],国家发展和改革委员会等十部委联合出台了《关于促进绿色消费的指导意见》,生态环境部(原环境保护部)专门出台了《关于加快推动生活方式绿色化的实施意见》,要求到2020年,绿色消费理念成为社会共识,公众基本养成绿色生活方式。坚持绿色发展,引导全社会倡导绿色消费,推行绿色生活方式,是正确应对消费主义的生活方式,也是从源头扭转生态恶化之举。

(一)开展全民教育,培育全社会绿色消费理念

加强资源环境教育、绿色消费教育,使环境教育逐渐普及到从学前教育到高等教育及职业教育的教育体系中。把绿色消费教育作为家庭思想道德教育、学生思想政治教育、职工继续教育和公务员培训的重要内容,纳入文明城市、文明村镇、文明单位、文明家

庭、文明校园创建及有关教育示范基地建设的要求中。加强宣传监督管理，引导社会各类群体尤其是明星等公众人物纠正炫耀性消费行为，变消费负面示范为正面消费教育；加大环保、绿色生活方式等公益广告的宣传力度，发挥公益广告潜移默化的影响和示范作用。管好党员领导干部等"关键少数"，将中纪委严禁党员"自费"和"公费"奢侈消费的规定落到实处，倡导勤俭、健康、文明的生活方式。

（二）全社会开展绿色行动，倡导践行绿色生活方式

在全社会深入实施节能减排全民行动。如组织开展绿色家庭、绿色商场、绿色景区、绿色饭店、绿色食堂、节约型机关、节约型校园、节约型医院等创建活动，表彰一批先进单位和个人。开展主题宣传活动，把绿色消费纳入全国节能宣传周、科普活动周、全国低碳日、环境日等主题宣传活动，充分发挥工会、共青团、妇联以及有关行业协会、环保组织的作用，强化宣传推广。在全社会开展反对浪费行动，如开展反过度包装行动、反食品浪费行动以及反过度消费行动等。

（三）完善相关消费制度立法、政策体系，鼓励绿色产品与服务的供给与使用

推进绿色发展要加快建立绿色生产和消费的法律制度和政策导向。如完善《循环经济促进法》的配套立法，特别是确立废物分类丢弃和回收处理专项立法。完善《政府采购法》，明确政府绿色采购标准，建立绿色产品供应商优先准入制度、节能和环境标志产

品政府采购评审体系和监督制度,促进政府节能和绿色采购工作落到实处。推动政府机构发挥节能示范作用,建立政府公开办公耗水耗能信息制度,推进政府建立办公设备设施优先采购高效节能、节水、环境标志产品制度等。完善统一的绿色产品标准、标识、认证制度,建立绿色产品评价制度。完善"绿色金融"体系,支持有机食品、节能节水器具、绿色家电、绿色建材、新能源汽车等绿色产业的发展,提升绿色产品供给能力。完善新《环境保护法》,细化公民环保义务,比如强制推行垃圾分类、鼓励使用环保产品、反对餐饮浪费等。

（四）建设绿色、低碳、智慧城市,提供绿色生活公共环境

未来城市发展必须是绿色发展,必须把集约、智能、绿色、低碳等生态文明的新理念融入城镇化的进程中。合理规划城市发展,建立配套、完善的绿色生活基础设施,提升城市功能,减少水、电、气、热等资源浪费与消耗。创新绿色低碳建筑技术,降低建筑能源单位消耗。大力发展公共交通,鼓励绿色出行方式,减轻生态环境承载压力。加大园林绿化建设,提高城市绿地覆盖面积,优化城市生态环境。支持低碳、高效的创新科技应用于城市发展,为人们的绿色消费、绿色生活提供保障。

参考文献

[1]张美君.国内消费主义研究综述[J].理论与现代化,2005(5).
[2]邓翠华,张伟娟.生活方式绿色化及其推进机制论析[J].福建

师范大学学报(哲学社会科学版),2017(7).

[3]赫伯特·马尔库塞.单向度的人[M].张峰,吕世平,译.重庆:重庆出版社,1988.

[4]郑红娥.发展主义与消费主义:发展中国家社会发展的困厄与出路[J].华中科技大学学报(社会科学版),2005(4).

[5]艾伦·杜宁.多少算够:消费社会与地球的未来[M].毕聿,译.长春:吉林人民出版社,1997.

[6]中共中央国务院关于加快推进生态文明建设的意见[EB/OL].[2015-05-06],http://politics.people.com.cn/n/2015/0506/c1001-26953754.html.

[7]中共中央关于制定国民经济和社会发展第十三个五年规划的建议[EB/OL].[2015-11-03],http://cpc.people.com.cn/n/2015/1103/c399243-27772351.html.

政　策　篇

让绿色成为三峡生态经济合作区发展的鲜明底色

（中共常德市委党校 朱丽）

党的十九大报告指出，我国经济已由高速增长阶段转向高质量发展阶段，正处在转变发展方式、优化经济结构、转换增长动力的攻关期。在这个关键发展阶段，经济建设和生态环境保护能不能相得益彰就成了我国经济能不能真正实现高质量发展以及发展方式能不能真正得以转变、经济结构能不能真正得以优化和增长动力能不能真正得以转换的重要标准。在"十三五"规划中，国家明确提出要建设三峡生态经济合作区，这不仅指明了三峡库区发展的方向和目标，更体现了国家转变发展思路的决心。

在我国区域发展战略布局图中，三峡生态经济合作区处于长江经济带中的重要节点区域，横跨鄂湘川渝四个省市，右连成渝城市群，左接中原城市群，比邻重庆、成都、长沙、武汉等大城市，在周边大城市发展的压力之下，三峡库区的中小城市抱团发展、寻求突破显得尤为重要。长江经济带以长江流域为依托，贯穿长江流域始终，属于典型的生态要素丰富的区域，而三峡库区正是长江经济带中生态资源和生态环境最为优越的区域，因此，绿色发展理应成为三峡生态经济合作区发展的首选之路。

一、三峡生态经济合作区坚持绿色发展理念的重要意义

在经济发展中，只有绿色的发展才是一种可持续的发展。坚持绿色发展是实现可持续发展的重要条件，是实现经济良性循环的基本保证。

（一）坚持绿色发展理念是三峡生态经济合作区抢抓机遇的现实需要

中国特色社会主义已经进入新时代，经济社会发展已经进入新层面。在新问题、新矛盾面前，追求高质量、有效益、可持续的发展已经成为时代课题和重要任务。三峡生态经济合作区建设正式进入"十三五"规划，意味着在国家战略层面抢占了先机。另外，三峡生态经济合作区不仅处于中部崛起和西部开发区域，还是"一带一路"的重要组成部分，因此，三峡生态经济合作区可以获得多重政策优势。这正是三峡生态经济合作区实现更高水平发展的重要契机，而抓住这个契机的关键在于找准切入点。"创新、协调、绿色、开放、共享"五个理念相互联系、相互影响，是当前发展必须一以贯之的基本理念。结合三峡生态经济合作区的实际区情，将坚持绿色发展理念作为推进三峡生态经济合作区建设的重要切入点，不仅仅是三峡生态经济合作区建设的题中之义，更是顺应时代潮流、抢抓机遇的现实需要。

(二)坚持绿色发展理念是三峡生态经济合作区共谋发展的首要前提

三峡生态经济合作区包含宜昌、恩施、神农架、荆州、荆门、张家界、巫山、岳阳、巫溪、奉节、万州、开县、云阳、常德14个市县区。总体来看,这14个市县区属于典型的中西部内陆中小城市,自然环境相仿、生态条件相似、产业结构趋同,经济社会发展水平不高、综合实力较弱,亟须在当前的形势之下提升城市竞争力,实现跨越式发展。若这14个市县区各自为政,独自发展,追求各自利益最大化,很容易陷入同质化竞争的泥潭。因此,坚持绿色发展理念是三峡生态经济合作区内14个市县区共谋发展的首要前提。

(三)坚持绿色发展理念是三峡生态经济合作区寻求突破的重要示范

过去几十年的发展使得社会物质财富极速增长的同时出现了严重的生态环境恶化,如果继续沿着粗放式发展道路前进,我们将会面临越来越严重的资源枯竭和生态失衡等问题,经济效益也会日渐低下。在日益严峻的环境压力面前,各个区域也在极力寻求经济发展和生态保护的平衡点。绿色发展作为现代最具活力、最能占有先机,并且能更快实现跨越式发展的有效方式,自然而然成了区域转变经济发展方式的首选道路。三峡生态经济合作区内的城市,由于客观存在的社会经济发展条件相比全国其他多数区域无明显绝对优势,但是特殊的地理位置、自然资源及社会资源条件又让它们选择绿色发展道路顺理成章。比如宜昌积极探索、大胆突破,走出了一条"生态优先、产城融合、城乡一体、人城共进、智慧个性、包容共享"的绿色发展之路;常德近两年一直以海绵城市建设为载体,坚持绿色富市、绿色惠民,力求通过加强环境综合治理、构筑生态安全屏障、促进集约节约发展、培育壮大美丽经济来推进美丽常德建设;万州深入践行绿色、低碳、循环发展理念,致力于建设滨水宜居旅游城市;等等。当区域内的所有城市以共同的绿色发展理念进行协作和开发时,势必会产生巨大的生态效益、经济效益和社会效益,走出人与自然和谐共生的绿色发展之路,进而对国家整体经济发展方向,尤其对中西部内陆城市经济发展方式的转变以及经济结构的调整产生重要的示范作用。

二、三峡生态经济合作区贯彻绿色发展理念的现实条件

尽管三峡生态经济合作区的经济社会发展状况相比周边几个大城市以及长江下游城市还有明显差距,但其在其他方面也有着自身的比较优势或绝对优势,正是这些优势让三峡生态经济合作区贯彻绿色发展理念有了更为有利的现实条件。

(一)生态环境优势明显

三峡生态经济合作区地形较为复杂,是丘陵和高原的过渡地带,生态环境有着其他区域所没有的"特"。区域内绿水青山,风光秀丽,生态良好,生态环境优势特别明显。三峡生态经济合作区属

亚热带季风性湿润气候,四季分明,热量充足,降水丰富,年平均降水量是全国平均水平的 2 倍,能有效维持长江水系的保有量。三峡生态经济合作区也被看成是最宜居的区域,比如神农架是最适合居住的自然氧吧,常德是"桃花源里的城市",恩施是华中地区重要的"动植物基因库",等等。优势明显的生态环境为三峡生态经济合作区贯彻绿色发展理念铺就了一条实实在在的绿色通道。

(二)"天然宝库"当之无愧

资源的不可再生性决定了其稀缺的特点。随着经济的快速发展,各类资源尤显珍贵,而三峡生态经济合作区矿产资源、草山资源、生物资源储备丰富,有着其他区域所没有的"全"。根据各市县区国民经济和社会发展统计公报数据,三峡生态经济合作区已经探明的矿产资源超过 100 种,其中很多矿产资源都居于全省或全国前列,如宜昌的磷矿资源储量在湖北省排第一;常德的石膏、磷矿、石英砂储量均居于湖南省第一位;岳阳的钒矿储量居亚洲之冠;等等。除此之外,动植物以及森林资源异常丰富。据不完全统计,三峡生态经济合作区动物种类超过 920 种,植物种类有 6400 多种,区域内平均森林覆盖率近 60%,远超全国 22% 的平均水平。当之无愧的"天然宝库"为三峡生态经济合作区贯彻绿色发展理念提供了无可比拟的自然资源。

(三)旅游资源得天独厚

优美的生态环境和独具特色的民族风情造就了三峡生态经济合作区生态旅游的无限魅力,有着其他区域所没有的"奇"。既有特色突出的、不可替代的长江三峡和三峡大坝,也有武陵源中国乃至全世界最典型的石英砂岩峰林地貌,还有神农架让人魂牵梦萦的野人和白化动物的自然之谜等一系列区域性的旅游资源,更有下瞰洞庭湖的岳阳楼、心灵故乡桃花源、最美巫山,等等。除此之外,三峡生态经济合作区历史悠久,拥有浓厚的人文气息和丰富多彩的民族文化以及奇异神秘的风土民情。得天独厚的旅游资源为三峡生态经济合作区贯彻绿色发展理念争取了一份难能可贵的财富。

(四)后发优势渐显效益

三峡生态经济合作区发展水平较低的状况还没有得到根本改变,这既给合作区的社会经济发展带来了压力,同时也带来了后发优势。首先,三峡生态经济合作区是国家实施的几大战略的交会区域,可以得到一系列的扶持,得到更多的资金支持和政策倾斜。其次,三峡生态经济合作区的发展还不像其他区域因过度城镇化和工业化形成了资源环境的"瓶颈",城镇化和工业化还处于初期或中期阶段。因此,后期的城镇化和工业化在现实发展的基础上和在相关部门的指导下,将会尽快找出经济发展与生态环境保护的平衡点,有利于缩短转变经济发展方式的进程。最后,可以充分利用"先行先试"的机遇和其他发达区域的经验和教训来达到事半功倍的效果。渐显效益的后发优势为三峡生态经济合作区贯彻绿色发展理念储备了一股蓄势待发的强大动能。

三、三峡生态经济合作区践行绿色发展理念的对策建议

三峡生态经济合作区要切实围绕"构建三峡屏障"这个目标任务,在新理念的引领下,按照党的十九大精神和国家"十三五"规划的战略部署,培育绿色新兴产业,建设生态文明,争取获得突破性的进展。

(一)敢想敢试,抢抓机遇,获取区域绿色发展先行权

每一次技术革命都伴随着新兴国家和地区的迅速崛起。凡是敢于在技术革命中抢吃第一只"螃蟹"的国家,都毫无例外地走上了区域竞争舞台的中央。20世纪80年代,国家着力开发建设深圳经济特区,带动了珠江三角洲地区率先发展;90年代又着力推进开发建设上海浦东新区,促进了长江三角洲地区的快速发展。绿色发展是最近几年才开始被人们熟悉并运用的概念,而且也成了发展的关键词。三峡生态经济合作区所拥有的竞争优势完全有能力利用"先行先试"的机遇来寻求发展。国内外绿色发展的实践经验表明,政策支持力度是权重较大的因素,而"先行先试"一般能获得国家或省级层面在转方式、调结构等方面更多的政策倾斜,这些倾斜无疑会给三峡生态经济合作区带来更多的政策红利。

(二)立足区情,突出特色,形成区域生态农业新亮点

三峡生态经济合作区要以国内外无公害食品、有机食品、绿色

食品供应的极度短缺为契机,全面推广以农业循环经济为主的生态农业产业链,注重构建区域、产业及产品特色,优化农业生产布局,强化规模开发,从而提升农业的整体效益。可以根据自身的优势,在全国率先建成有机食品、绿色食品和富硒食品等农产品示范区,着力培养农业品牌,把具有发展潜力的柑橘、猕猴桃、云雾茶等产业做大做强。同时,可以采用先进的农业技术,加快实施大宗品种比如百合、反季节蔬菜的改良和改造,促进产业规模扩大和产能提升。另外,生态农业的发展还需要借助龙头企业的品牌效应来推动农业的产业化,要充分利用其影响力来带动其他弱势品牌的发展。

（三）优化布局,错位发展,构建区域生态高效工业新业态

工业化是区域经济发展过程中不可逾越的阶段,但三峡生态经济区还处于工业化的初、中期阶段,完全可以借鉴正处于工业化后期或已经完成工业化地区的经验,大力发展生态友好型、效益型工业。在产业布局上,各市县区要根据自身优势资源错位发展,避免产业雷同。第一,要培育战略性新兴产业,重点发展生物制药、新材料、新能源和旅游工艺品等。三峡生态经济合作区由于地理隔离,拥有一些特有的基因资源及动植物微生物资源,可以充分发展生物制药;利用特有的自然资源和矿产资源发展新材料;充分借助于水资源和森林资源构筑清洁高效、安全可靠的能源体系;通过高新技术手段和设备实现旅游工艺品的精细化和规模化生产,进一步提升文化感染力。第二,要加快三峡生态经济合作区内的循环经济试点,积极打造生态产业链完整、资源循环利用的生态工业示范区。

（四）加强沟通，相互协作，谋划区域绿色发展新未来

绿色发展已经成为三峡生态经济合作区跨越式发展的捷径，而在绿色发展的实践中，要处理好经济建设和生态环境保护的关系并不是一件容易的事情，特别是在具体的操作层面上还有很多的难题和矛盾，这是需要区域内所有的主体包括政府、社会、企业和个人加以重视并着力解决的。现在区域内14个市县区由于行政分割和自然隔断，还处于各自为政、互不干扰的阶段。三峡库区的这14个市县区要想真正实现抱团发展，首先要科学规划，做好顶层设计，加强沟通、相互配合，形成联动合作机制，实现利益最大化。其次要完善基础设施的互联互通，尤其是交通建设，要以长江流域为载体，加强港口码头联通，实现交通便利化。

绿色发展的理念、困惑与路径

(中共岳阳市委党校 刘宇赤 曾小龙)

绿色发展是破解可持续发展难题的必由之路,各地如何走绿色发展之路,需要对绿色发展理念有较为深刻的理解,需要理清绿色发展要解决的问题,同时还要在实践层面积极探索绿色发展的具体路径。

一、绿色发展是关于发展的最新理念

2015年10月,党的十八届五中全会创造性地提出了绿色发展理念,并把它作为指导中国经济社会发展的五大理念之一。绿色发展理念有以下主要观点。

(一)绿色发展是一种关于人类生产、生活、消费和组织结构等全面而深刻的变革

过去,人们只要谈到绿色发展就会非常自然地将绿色发展理解为关于能源的利用效率问题,并且是在技术大幅度发展的大背景下来谈绿色发展的,到最后将绿色发展完全等同于尖端能源技

术问题。这一认识较为片面。绿色发展是继工业革命之后的一次最为全面而深刻的变革,是关于生产生活方式、商业消费模式、社会组织模式等方面的全方位的变革。

具体来说,绿色发展的全面变革体现在如下几个方面。首先,绿色发展让传统意义上的"资源"发生改变。过去被认为不是资源的,现在可能成为一种"稀缺资源"。如贫困地区过去被认为是没有"资源"之地,而现在它的优良环境正在成为一种"稀缺资源"。其次,用新的方式来组织的资源可能产生更大的效用。绿色发展意味着组织方式的改变,以前谈及经济问题主要是在组织结构既定的前提下来谈资源的优化配置与利用,现在可能要在资源既定的前提下来谈组织结构的创新。并且,组织结构的创新会让稀缺资源的效用大大提高,让生产力大大提高。最后,绿色发展意味着生产模式、服务模式、消费模式等的改变。如3D打印技术可能会使以前的集中生产模式变为分散生产模式;网络的迅猛发展可能让更多的人在家里就能享受到优质的教育、医疗等方面的资源,这样不仅不会增加边际成本,反而会降低资源的稀缺程度。

(二)保护环境和节能减排会促进经济增长

在传统观念看来,"投入才有产出",并且投入主要是指能源的投入,环境保护和节能减排就是减少"投入",这势必阻碍经济的增长。而绿色发展将资源的组织方式考虑进来,在资源既定的情况下通过优化组织方式获得经济增长。环境保护和节能减排虽然做了"减法",但减排和环保会促进经济的增长。绿色发展将为经济增长带来动力,而不会成为经济增长的负担。以前,一家工厂带来的效益,只从很小的范围来计算,如给政府交了多少税金,以及自身获得了多少利润,而转嫁给社会的成本却没有计算。按传统方式计算是盈利的企业,按绿色发展方式计算可能是亏损的。传统发展理念认为,"先污后治"是必然的路径,除此别无他途。然而发达国家近些年走过的路恰恰说明,严格的环境保护不会损害经济的增长。并且,"预防性"环保政策比"先污后治"的环保政策更有利于经济的可持续发展。绿色发展将环境作为一种商品,这种商品具有非竞争性的特性,差的环境会危害到所有人,好的环境会给所有人带来利益。政府需要创新政策机制来抑制环境治理的外部性,要通过创新生态补偿等特殊的市场方式来解决环境治理问题。

(三)要重新思考与界定政府在引领绿色发展中的作用,充分调动市场的积极作用

在传统发展思维看来,只要提到发展,就认为要以政府的巨大投资为前提。其实,绿色发展主要是要求政府提供新的公共产品,政府更多的是以规制者的角色出现。政府通过出台关于节能减排和保护环境的规制性措施,降低社会自身解决此问题的协调与运行成本。政府出台严格的节能减排和保护环境政策以后,必然导致现有的能源价格提高,进而导致现有的能源在市场中的竞争力下降,迫使市场去寻找另外的能源,让市场提前介入绿色发展中,政府的这一行为预见性地将绿色发展提前。如果放任市场去发展,现有能源也必将因为面临枯竭而价格高涨,迫使市场去寻找新的替代能源,到那个时候市场能否完成人们的期待,是否会出现"能源空档期"都是未知数。而绿色发展不必等到资源真正枯竭的时候再来实施,现在着手推进绿色发展更符合人类的理性,也没有背离市场的内在逻辑。

绿色发展是关于发展方式的根本性变革,涉及方方面面的变革,涉及整个产业链的转型,非短时间内能够实现,并且绿色发展有自身的规律,更不能通过"简单粗暴"的行政手段让绿色发展方式在"一日内建成",所以绿色发展越早实施越好。绿色发展并不是"高投入、高风险"的投机行为,而是一种越早实施就越早受益的理性行为。

二、选择绿色发展之路面临的现实困惑

（一）绿色发展理念并未被完全理解和树立

京津冀城市群、长三角城市群和珠三角城市群等地区先一步尝到了传统发展模式的"甜头",成为传统发展模式的受益者,同时也率先尝到了环境污染的"苦头",因此对于绿色发展理念的理解更为直观而深刻。毋庸讳言,先发展地区已经进入了绿色发展具体实施阶段甚至是提高阶段,但很多后发展地区对于绿色发展理念的认识与先发展地区还有差距,很多后发展地区的绿色发展观念还不够坚定、深刻。虽然各地党委政府都已经树立了绿色发展理念,但普通民众对于绿色发展理念"只闻其名,不闻其详",难以形成良好的绿色生活意识和行为。而且相当多的企业对于绿色发展的理解还很不够,对绿色发展的紧迫性认识还很不够,导致将绿色发展当成一种绝对意义上的负担。

（二）政府作用的发挥离绿色发展的要求还有距离

绿色发展需要正确处理好政府与社会、市场之间的关系。政

府虽然重视绿色发展,但在具体的绿色化进程中对社会和市场的协调作用并未充分发挥出来,在支持组织结构创新方面发挥的作用还不够。虽然中央不再将地区生产总值作为考核地方政府的唯一指标,但是过去粗放发展所产生的"高投入低产出、高消耗低收益、高速度低质量"现象并未得到很好的改观,对环境造成的负面效应也并未得到很好的遏制,对环境的治理还未到位。在绿色发展政策的具体执行中,还存在政策措施变形和走样的现象,绿色发展的政策措施"穿新鞋,走老路"的现象还存在。另外,政府关于绿色发展的执法还不够严格,绿色发展的监督措施还不够有力、到位。

（三）法律法规还落后于绿色发展的要求

绿色发展的理念并未完全融入法律法规里面,在立法层面并没有完全体现绿色发展的理念。并且,绿色发展的法律法规与具体的司法环节也有脱节的现象。在法律制度设计中,还存在环境破坏违法成本低的现象,预防性的法律法规也比较欠缺。绿色发展的法律法规原则性规定比较多,操作性规定有待进一步细化,法律法规在具体的执法中往往失之过宽,因而绿色发展方式的落实有待加强。

（四）绿色发展的市场体系并未成型

绿色发展的道路不能脱离市场来走,绿色发展必然要通过市场体系来实现,绿色发展理念要通过市场来具体化为实际行动。当前绿色发展的市场体系还没有成型,导致绿色发展的道路不畅通。生态补偿机制作为特殊市场机制并未很好地建立起来,导致具体的绿色发展还在走老路。另外,市场上很多打着绿色产品旗号的伪绿色产品还在大行其道,这与绿色产品识别和淘汰机制没有建立起来有关。绿色产品的消费保护机制也没有很好地建立起来,导致消费者在绿色消费过程中屡屡受损,进而影响普通民众对绿色发展的判断与支持。另外,市场主体对于绿色发展的长远价值与意义并未充分理解,导致出现了很多着眼于短期利益的市场行为。

(五)绿色技术还比较落后

自主创新是我国经济发展的短板,绿色技术自主创新更是短板中的短板。实践证明,依靠发达国家进行技术转让是行不通的,自主创新才是出路,然而自主创新又非短期能够做得到。到目前为止,我国在绿色技术领域并未形成系统的理论与技术体系。同时,绿色发展理念与绿色技术往往是紧密结合在一起的,绿色技术可以促进绿色发展理念的深化与普及,因此,我国绿色发展理念尚未完全树立,很大程度上是因为没有绿色技术作为强有力的支撑。

三、探索践行绿色发展的路径

绿色发展需要政府强有力的牵引作用,需要健全的法律法规。要建设好绿色市场,为绿色发展夯实绿色技术基础,从而形成一种绿色文化,可以从以下几个方面着手。

(一)建设绿色发展型政府

绿色发展要在资源既定的前提下创新组织方式来达到提高资源的利用效率,而新的组织方式需要政府的参与来降低协调与运行成本，需要政府对各种社会资源进行高效整合。政府要根据绿色发展的要求转变自身的职能。一方面，政府要协调好政策制定部门与执行部门的关系，让绿色发展政策的制定与执行不脱节。要制定符合本地实际情况的绿色发展政策，提高政策的可行性，并加大绿色发展政策的执行力度。另一方面，要建立适合本地的绿色发展考评体系。绿色发展政策要契合本地的实际情况，不能盲目跟风，不能随意抄袭发达地区的发展策略。要以国家制定的绿色发展规划为核心，紧密结合本地的实际情况细化国家的各项发展规划，在此基础上形成适合本地的绿色发展考评体系。绿色发展虽然有其自身的规律，有自然发展的特性，但政府的积极作为是十分必要的，需要政府投入耐心和精力，切实摸清本地的绿色发展资源，并在此基础上推动本地的绿色发展。

（二）建立绿色发展的法律制度框架与具体细则

要将绿色发展理念融入法律制度，在立法层面充分尊重绿色发展理念。第一，绿色发展原则要融入法律制度框架当中。绿色发展的法律条文要统合起来，相互协调、相互配合。第二，绿色发展要有全面系统的法律监督制度，做到全方位、全覆盖。第三，绿色发展违法成本要大幅度提高。要改变当前妨害绿色发展的违法成本低的问题，要让违法成本远远高于违法收益。要加大妨害绿色发展的惩处力度，同时也要健全和加强绿色发展的监管制度和机制，进一步抑制妨害绿色发展的投机行为。第四，要创新绿色发展法律制度的执行机制。强化执法监督和执法责任，让绿色发展的法律制度真正落到实处。

（三）建立健全绿色市场体系

绿色市场是实现绿色发展的重要基础。要使绿色市场体系适应绿色发展要求,须做好以下工作。第一,建立规范的绿色市场秩序。建立健全碳排放交易市场、生态保护补偿机制、生态修复工程投入机制等;同时,建立绿色市场排查制度,加强绿色市场的监管力度。第二,绿色市场信息公开要常态化。各种绿色市场信息的公开与获得要有常规的渠道,使参与绿色市场的各方都具有绿色市场信息知情权。第三,强化绿色市场的监管责任。明确实行严格的绿色产品认证制度,明确监管者的责任并解决"谁来监督监管者"的问题。

(四)多方位提升绿色技术

第一,要进一步树立"产、学、研"相结合的绿色技术发展模式,优化绿色技术发展体制机制,推进绿色技术的快速发展。第二,充分培育自主绿色技术的研发能力。培养绿色技术人才,提高自主研发水平,掌握绿色发展的主动权。第三,充分借鉴国外先进的绿色技术。通过建立合作平台,吸收、借鉴国外先进的绿色技术,与先进的绿色技术企业充分合作。

(五)大力培育绿色文化

各种行为的背后必然有其文化基础,绿色发展也不例外。要将绿色发展搞好,还需要从绿色文化的角度来思考问题。第一,要充分挖掘传统绿色文化中的"绿色基因",让传统文化成为绿色发展的共同认知基础。第二,政府要为社会树立绿色发展的典范,引导社会各类主体共同践行绿色发展理念。第三,开通多种宣传途径,宣传绿色发展常识。让普通民众了解"衣、食、住、行"等日常生活当中的绿色发展常识,了解绿色发展的必要性和优越性。第四,倡导绿色生活方式,在普通民众中逐渐形成一种绿色价值观。

恩施州绿色崛起的法治之道

(中共恩施州委党校 穆华桂)

绿色发展理念是当今世界重要的理论思潮和多数国家的战略选择。党的十九大报告将"美丽中国"纳入国家现代化建设目标之中,提出2035年生态环境根本好转,美丽中国目标基本实现,到21世纪中叶,把我国建成富强民主文明和谐美丽的社会主义现代化强国。从全国绿色发展格局和主体功能区布局看,武陵山区具有特殊性,大自然赐予的巨大自然资源和无形资产是其发展的独特优势,而恩施州作为武陵山区的核心板块,更是被湖北省委、省政府视为湖北省绿色崛起的一颗明珠。从绿色发展到绿色崛起,体现了对恩施州未来发展目标的新定位,意味着绿色发展制度有着重大变革。因此,恩施州要实现绿色崛起,必须加强政策制度研究,探索实现绿色崛起最有效、最稳定的法治路径,以更好地指导实践,为武陵山区绿色崛起提供范式。

一、实现绿色崛起的理论支撑

(一)生态学理论

生态学是研究生物体与其周围环境相互关系的学科,其概念最早是由德国生物学家恩斯特·海克尔提出的。该学科认为,动植物及其无机环境构成的生态系统应具有生态平衡,能量流动和物质循环都是有规律、相对稳定的。因此,在建设生态文明、实现绿色崛起的过程中,必须用生态学的方法和思维,维持自然界的生态平衡。如果肆意践踏、误用技术导致生态系统遭到破坏,就会受到大自然的严厉惩罚,最终危及人类自身的生存和发展。

(二)马克思、恩格斯生态文明理论

马克思、恩格斯在《1844年经济学哲学手稿》《自然辩证法》等多部著作中精辟阐述了人与自然的依存关系。比如马克思在《1844年经济学哲学手稿》中指出,"那种抽象的、孤立的与人分离的自然界,对人来说也是无[1]""人直接地是自然存在物[1]""人是自然的一部分[1]"等。因此,他们强调人类一定要善待自然、保护自然。马克思还在著名科学家李比希的动植物代谢自主平衡规律观点的基础上,用物质代谢理论进一步阐述人与自然界的依附关系,认为人类对生态的肆意破坏会造成大自然物质代谢中的"裂缝"。马克思认为应对人与自然之间的物质变换进行"合理调节","把它们置于共同控制之下[2]",使人与自然和谐相处,合理利用资源,坚持可持续发展。

(三)习近平生态文明思想

习近平生态文明思想有着深刻的时代背景,既有国际绿色经济发展潮流的推动,又有我国自身资源危机与环境恶化的现实呼唤。习近平高度重视绿色发展问题,他认为建设生态文明是中华民族永续发展的千年大计[3]。生态文明建设不仅仅是一种绿色发展理念,更是一场涉及生产方式、生活方式、思维方式和价值观念的绿色革命性变革。必须准确把握我国社会发展的阶段性特征,理性反思我国面临的实际问题,要把实现绿色发展放在现代化建设全局的突出地位,融入"五位一体"建设的全过程。转变经济发展方式、发展循环经济、大力发展绿色技术、正确处理经济发展同生态环境保护的关系等是实现绿色崛起的必然选择。

二、法治在绿色崛起中的价值及作用

建设生态文明,实现绿色崛起,是一个复杂而艰巨的任务。法律和法治作为文明的产物和维护并推进文明的手段[4],是实现绿色崛起的最强有力的保证。

(一)绿色崛起需要法的规范性提供秩序

法的规范性表现为法的评价、指引、预测、教育、强制等功能作用。要实现绿色崛起,不能仅靠政策舆论,更不能靠地方领导临时决断,而是要依托法的规范性建立正当的法律秩序。绿色发展中法治秩序的建立和维护,必须以"人—自然—人"为中心来规范和调整。以"天人合一"的观念为指导,构建人与自然高度和谐的新型法律规范,通过生态文明建设立法、行政、司法高度统一的法治体系,调整各方面的利益冲突,配置各种社会资源,调解各种社会纠纷,进行有效的社会治理,为人与自然的和谐发展提供强大的法律保障。

(二)绿色崛起需要法的强制性提供权威

法与风俗习惯、伦理道德等社会规范相比具有其特殊性,这个特殊性就是强制性。也就是说,这个强制性是无条件地遵守和服从,否则将受到相应的惩罚和制裁。在生态文明建设中,如果人们在财富欲望的驱使下,毫无节制地开发、开采自然资源进行生产,毫无顾忌地向大自然排放废弃物,在疯狂索取的同时又疏于养护,就必然造成自然生态的严重破坏和失衡,人类就要遭到大自然无情的报复。因此必须依靠法的强制性,对伤害自然生态的环境违法、犯罪等行为实施强有力的干涉和制裁,为绿色崛起提供法的权威支持。

(三)绿色崛起需要法的稳定性提供认同

法的稳定性,就是指法律保持相对不变。法律一旦制定并付诸实施,就应该保持相对稳定;如果朝令夕改,就会影响和削弱法律的严肃性、权威性和公信度,使法律名存实亡、成为恶法,最终会损害人民的利益。只有在法治理念、精神及具体条文与经济社会的主要发展目标相悖时,才对法律进行修订和完善。因此,在实现绿色崛起的过程中尤其应当加强科学立法,保持法律的稳定性,增强公众对法律的认可度。

三、绿色崛起背景下恩施州环境法治建设面临的困惑

恩施州地处武陵山区,气候适宜,植被丰富,生态优良。但恩施州特殊的喀斯特地貌又决定了其生态极其脆弱,一旦破坏很难

恢复,因此必须加大保护力度。将国家生态法治建设总态势与恩施州生态法治建设的现实紧密结合起来考察,尚有以下主要问题。

(一)国家环境立法尚不完备,恩施州实现绿色崛起缺少足够的立法支持

1. 环境权未被确认

就目前看,把环境权作为公民基本权利提升到宪法高度,明确载入本国宪法是很多国家的做法。虽然我国也制定了多部环境保护方面的法律法规,但从其规定和效力层级上看,并没有把环境权作为公民的基本权利。如我国宪法第二十六条第一款明确规定:"国家保护和改善生活环境和生态环境,防治污染和其他公害",但在公民基本权利章节中未见对环境权的进一步细化。修订后的《环境保护法》作为一部"长牙齿"的法律,出台后引起了很大反响,它建立了环境公益诉讼、公众参与等制度,但遗憾的是仍然没有对环境权进行确认和保护。由此可见,环境权作为公民的一项基本权利在现行的法律体系中仍没有明文规定。

2. 环境法律体系不健全

早在20世纪60年代,不少国家如日本、美国等都已经具备了比较完备的环境与资源保护法律。但我国到2017年为止,还没有一部起统领作用的环境法律,大家熟知的《环境保护法》也是由全国人民代表大会常务委员会而非全国人民代表大会制定,其效力层级与其他单行法一样,无法在环境领域发挥具有统领意义的基本法的作用。而且新修订的《环境保护法》对有关自然资源的利用保护以及生态保护的规定太少,整部法律仍然像一部污染防治法,部门立法色彩浓厚。

3. 立法统一性和明确性有待进一步加强

法律之间衔接不够,规定不统一,直接影响到法律的实施。环境立法中这类不统一、不明确的现象并不少见,以常见的在饮用水水源区域设置排污口的违法行为为例,根据《水污染防治法》第八十四条规定,"在饮用水水源保护区内设置排污口的,由县级以上地方人民政府责令限期拆除,处十万元以上五十万元以下的罚款;逾期不拆除的,强制拆除,所需费用由违法者承担,处五十万元以上一百万元以下的罚款,并可以责令停产整治。"而《水法》第六十七条规定,"在饮用水水源保护区内设置排污口的,由县级以上地方人民政府责令限期拆除、恢复原状;逾期不拆除、不恢复原状的,强行拆除、恢复原状,并处五万元以上十万元以下的罚款。"由此可以看出,《水污染防治法》规定违法者拆除排污口的同时必须接受罚款,而《水法》规定违法者只有在不拆除或者逾期不拆除的情况下才被罚款,是有先后顺序的,而且罚款的数额也不一致,这无疑会给涉水法律的实施带来尴尬和困扰。

(二)生态执法困难重重,恩施州实现绿色崛起缺乏有力的执法保障

1. 环境监管体制不顺

分级负责制是我国现行的环境监管体制,基层政府无疑就是各项环境法律政策的具体实施者,但生态环境保护涉及的领域广泛且复杂,有效的监督核查必须追溯到每个污染领域的具体污染源,仅靠环保部门的力量难以承担环境监管的重任。同时,由于环境污染的外部性特征也会造成各监管部门间相互推卸责任。此外,2016年9月,中共中央办公厅、国务院办公厅印发了《关于省以

下环保机构监测监察执法垂直管理制度改革试点工作的指导意见》,但改革至今仍未全面铺开,地方政府仍然掌握着地方环保机构的人事和财政权,"端别人的碗,受别人管",环保机构在监管中自然受到地方政府的制约。有些地方政府发展理念滞后,在项目上马和招商引资的过程中,为追求企业和项目的数量,不断放宽引进条件,甚至违反相关环境法律法规,对落后淘汰的高污染项目和企业审批把关不严,致使与此相关的环境审批权不能得到有效落实。

2. 环境监管能力缺乏

一是经费和人员无保障,有效监管难实现。在很多基层单位,森林公安的财政预算只有地方公安的五分之一左右,且装备经费还未纳入财政预算。没有相应的经费,导致森林公安力量不足,同时有限的警力还要承担处理大量的行政与刑事案件、森林防火、林权纠纷等任务,导致基层森林公安干警无法兼顾日常的巡查和森林防护管理。二是执法条件差。没有执法记录仪,装备不齐备,甚至连执法者也有可能不是"行家里手",导致基层政府的监督和处罚流于形式,缺乏威慑力。三是监管技术规范不足。环境监测对技术的规范要求较高,监测频率、采样形式等都必须规范透明,否则会因为缺乏有效依据而导致事倍功半。

3. 执法者素质参差不齐

一是执法者法治观念不强。在全面依法治国的大背景下,仍有少数执法者一方面心存侥幸,滥用职权,逐利违法,自立标准,视法律为摆设;另一方面不主动担当,怕追责问责,消极执法,执法不力,抱着多一事不如少一事的心态,纵容违法者。二是执法者缺乏相应的法律知识和专业技能。打铁必须自身硬,作为执法者,首先必须自己精通相关法律法规,且具备相应的执法技巧、执法现场的分析判断能力、法律文书的规范撰写能力、突发事件的应对处置能力等,但从实践来看,不少执法者距这些要求还有一定的差距。

(三)生态司法功能错位,恩施州实现绿色崛起存在各种掣肘

1. 环境纠纷处理与赔偿制度相互矛盾

在我国现有的法律中,环境损害赔偿的主要依据是《民法总则》《环境保护法》和几部污染防治法的相关规定,但令人困扰的是,这几部法律对于环境损害的归责原则规定有所不同。《环境保护法》和《水污染防治法》规定的是无过错责任,《民法总则》规定为过错责任,并以违法性为前提。虽然《环境保护法》属于特别法,但是《民法总则》属于上位法,归责原则的不同及法律效力位阶的区别导致同一违法行为可能会有不同的责任认定,环境损害责任认定缺乏可操作性和执行性,同时也使法律的权威性和公信力受到挑战。

2. 环境责任追究机制存在弊端

一是受传统观念影响,错误地认为环境资源具有无穷性、无偿性,可以取之不尽、用之不竭,加上重经济轻环保的错误思想,甚至会将应追究刑事责任的环境犯罪行为当成一般的环境违法行为轻描淡写。二是同一违法行为符合多种责任的构成要件,环境法律责任竞合的问题导致司法实践中经常出现"该刑事制裁的行政制裁,该行政制裁的却民事制裁"等现象。三是破坏环境资源保护罪的构成要件标准过高。我国现行《刑法》规定"破坏环境资源保护罪"的成立必须以公私财产遭到重大损失或人身伤亡为前提,因

此,实践中如果对公民健康造成影响但没有遭受重大损失或人身伤亡的违法排污行为,难以依据《刑法》规定追究责任。

3. 司法体制中的"硬骨头"困惑

十八届三中、四中全会对推进司法体制改革进行了全方位的部署,推出了人、财、物的统一管理,与行政区划相分离的司法管辖,最高法院设立巡回法庭,领导干部干预司法记录制度等有力举措,对司法的去地方化、去行政化起到了很好的效果,但司法体制改革中的"硬骨头"和"激流险滩"也逐步凸显,如实行法官员额制后,一线的法官减少但案件数量增多,对本来就较专业的环保案件更为不利。又如法院要求院长、庭长对重大疑难复杂案件履行监管职责,做到既不越权也不失职,但在具体实践中,真正有效落实绝非易事。

(四)生态守法意识淡薄,教育塑造任重道远

1. 生态文明理念未深入人心

当前,生态文明理念尚未真正成为领导干部、广大人民群众的道德自觉。首先,在实践中,不少地方政府抓经济建设措施强硬,抓生态环保办法软弱,考核生态文明建设的指标体系操作性、针对性不强。其次,恩施州作为欠发达地区,工业经济不是发展的优势所在。现有的中小企业尽管有政府的大力扶持,但仍然运转艰辛,对不可避免的污染排放显得力不从心,由于资金问题,宁愿掂量违法成本钻法律空子、也不愿意改善排污装备成了少数企业的现实选择。

2. 群众生态参与意识有待加强

就目前看,群众的生态意识还很淡薄,并没有养成自觉的生态

文明观。虽然《环境保护法》和新修订的《刑法》中明确规定了破坏生态环境的法律后果以及要承担的责任和义务,还专章规定了14种罪名,但是群众并没有意识到污染、破坏生态环境的行为有可能违法、犯罪,主观地把环境保护降低到环境卫生层面,认为脏一点、差一点没有关系,并不会造成严重损害,甚至认为即使损害身体健康甚至威胁生命的时候,也可以大事化小、小事化了。

3.环境宣传教育体制需要规范化

近些年,恩施州环保系统广大宣传教育工作者结合各地实际,大力开展环境宣传教育、弘扬生态文明,为营造全民环保的良好氛围做了很多工作,取得了一些实效。但总的来看,全州各级环境宣传教育机构能力水平整体偏低,在机构设置、人员编制、设备设施上严重滞后。加上建设两型社会的观念还未真正深入人心,环境保护的宣传教育缺乏支撑,与绿色崛起的质变效应存在差距。

四、绿色崛起背景下恩施州环境法治建设的推进思路

党的十九大报告明确指出,人与自然是生命共同体……要推进绿色发展、着力解决突出环境问题、加大生态系统保护力度、改革生态环境监管体制。[3]结合全面依法治国实践,恩施州要实现绿色崛起,必须从以下几个方面着手。

(一)树立生态法治理念

理念是行动的先导。恩施州要落实"生态立州、产业兴州、开放治州、依法治州、富民强州"战略,实现绿色崛起,必须先树立生

态法治理念。首先,要明确绿色是恩施州的优势所在、潜力所在,各级领导干部和广大人民群众必须尽一切努力把生态保护好、涵养好,并使之最大限度增值。其次,地方政府和相关部门要树立法治思维,以法治思维、法治方式来缓解和消除环境污染和资源开发利用引发的矛盾。依法保护、依法治理生态环境,依法保障、依法维护环境权益。再次,用生态法治理念贯穿生态保护全过程。在法治建设的各个环节——立法、执法、司法、守法以及法律监督活动中都要渗透生态的内容,体现生态的要求。[5]在全面、协调、可持续的发展理念下,进一步完备环境法律体系,加大执法力度,健全司法环境,营造守法氛围。

(二)构建区域内的环境法律体系

1. 顺应世界潮流,把环境保护规定为国家机关、社会团体、个人的权利和义务

充分行使民族区域自治权,健全完善生态环境状况公示制度、项目环境评价公示办法、企业污染排放考核公示制度等,且与相关建设项目生态环境决策及责任追究制度、领导干部生态环境述职制度、生态环境状况定期公示制度、生态环境考核评价制度等有效衔接,进一步明确公民的生态环境合法权益。

2. 依据"生态立州"战略定位,在区域范围内赋予《环境保护法》"母法"效力

比如针对《环境保护法》倾向于污染防治这一特点,在实施中将污染防治与生态环境保护并重,制定区域内自然资源保护的基本原则、要求目标和监督机制等,确保区域内生态环境保护和污染

防治并行不悖。以《刑法》第三百三十八条规定为准则,制定适合判定破坏生态环境罪的地方实施细则,细化实化有关土壤污染、生态保护、遗传资源、化学物质污染、环境技术检测等方面的标准体系。一方面严格保护生态环境,另一方面为推进国家刑法在生态环境保护领域的完善,做一些有益的探索和贡献。

3. 探索制定和完善本区域特殊生态环境法规

针对恩施州生态基础良好但脆弱的现状,因地制宜制定和修订相关自治条例和单行条例,进一步明确山体、水体的保护范围及措施,明确侵占水体湿地、污染水体、污染大气、制造噪声等行为的处罚标准和处理措施,在目前《恩施州土家族苗族自治州山体保护条例》的基础上进一步探索水体、森林等方面的地方法规,以改善国家立法的滞后状况。

(三)加大执法能力建设

1. 加大环境执法力度和环境处罚力度

严厉查处环境违法行为,严格执行"三同时"制度、排污许可证制度、强制淘汰制度等,绝不允许违法企业存有侥幸心理,绝不容忍损害群众利益的违法者逍遥法外。同时,部门间要加强协调,特别是对跨区域、跨类别的违法行为,要完善联合执法机制。

2. 强化生态执法监督机制

首先,要加大监管力度。对重点区域、重点企业、重点行业的污染治理问题予以解决,严格监控医院、学校、工业企业的清洁生产以及产生的废水、废气、废渣等污染物的达标排放情况。其次,要有效衔接上下级部门的监督,有效统筹宏观调控和具体监督,真正筑牢环境保护监管制度的"笼子",使层级监督实效化、常态化、规范化。再次,要把社会公众对环境的监督落到实处。明晰社会公众对环境的监督地位、监督权利、监督渠道、监督方式等,同时与政府监督有效衔接,形成全方位、多渠道的监督格局。

3. 排除地方保护主义干扰

首先,要清理、废止与国家法律法规相冲突的地方法规与规章,从制度上解决地方政府干预环保部门正常执法的现象。其次,要理顺地方生态环境保护执法体制,迅速推进相对独立的垂直行政执法管理体制改革。同时,要着力提升执法者的素质和能力,做到执法科学、规范、准确、人性,真正实现法治的目标和价值。

(四)健全环境司法制度

1. 加强司法体制综合配套改革

贯彻落实党的十九大报告指出的司法体制综合配套改革要求,规范权力运行、完善分类管理、维护司法权威,逐步破解司法体制改革难题,避免走回头路,营造良好的司法环境。

2. 对生态破坏赔偿实行综合治理

首先,要求各级领导树立正确的政绩观,用新时代可持续发展理念推动经济发展,正确认识人类与自然界的依存关系,正确处理经济发展与环境保护、局部利益与整体利益、近期效益与长远发展之间的关系,自觉保护生态环境。其次,要建立环境纠纷行政处理制度。设立专门针对环境损害赔偿纠纷的独立机构,从非诉讼渠道快速解决环境损害纠纷。

3. 完善环境公益诉讼制度

针对实践中环境诉讼原告范围狭窄、行政公益诉讼缺位、配套规则缺失的现状,要进一步放宽原告资格条件,健全相关配套制度规则,增强环境公益诉讼的可操作性,进一步提升环保组织公益诉讼的能力。

参考文献

[1] 马克思.1844年经济学哲学手稿[M].北京:人民出版社,1985.

[2] 马克思,恩格斯.马克思恩格斯全集(第25卷)[M].北京:人民出版社,1972.

[3] 党的十九大报告辅导读本[M].北京:人民出版社,2017.

[4] 沈宗灵.现代西方法理学[M].北京:北京大学出版社,1992.

[5] 李国花.论生态法治建设的发展与完善[J].云南大学学报(法学版),2007(2).

产业篇

生态经济背景下长江三峡地区产业体系建设研究

（中共重庆市开州区委党校　邹洪）

产业是强国之基、兴国之本，更是区域经济发展的核心支撑。因此，构建健全的产业体系是增强一国之基、夯实一国之本，同时也是增强区域经济发展的综合竞争力的关键所在。"十三五"时期是世界产业技术和分工格局的深刻调整期，是我国推动经济提质增效升级的关键期，产业转型发展面临新的机遇和挑战。习近平强调："产业结构优化升级是提高我国经济综合竞争力的关键举措。要加快改造提升传统产业……构建现代产业发展新体系。"因此，构建长江三峡生态经济产业体系是振兴长江三峡地区实体经济、培育壮大长江三峡地区新兴产业、改造提升长江三峡地区传统产业、支撑长江三峡经济社会发展的核心要素；是长江三峡地区经济社会发展方式转变、保持经济以生态经济健康发展、打赢脱贫攻坚战全面建成小康社会的重要举措之一；是长江三峡地区贯彻落实党中央、国务院关于建设长江经济带的重大决策部署，积极融入长江经济带建设，有效实施"乡村振兴战略"的路径之一。

一、长江三峡地区的范围界定及经济发展现状

（一）长江三峡地区空间范围界定

长江三峡地区空间范围的界定,不同学者有不同的看法。例如,崔如波认为三峡库区位于长江上游,地跨湖北省和重庆市两省市,国家确立的三峡库区重庆范围包括巫山县、巫溪县、奉节县、云阳县、开县、万州区、忠县、石柱县、丰都县、武隆区、涪陵区、长寿区、渝北区、巴南区、江津区等15个区县(自治县、市)及主城区共计16个区县(自治县、市)。[1]潘晓洁等认为三峡水库消落区涉及湖北省和重庆市的19个区县及重庆主城区,沿岸分布有100余座城镇,有2000多万人。[2]李桂媛等在研究中以三峡工程主要汇水区域为研究对象,包括重庆市12个区县(万州区、涪陵区、长寿区、巫山县、巫溪县、奉节县、开县、云阳县、丰都县、石柱县、忠县、武隆区)与湖北省3个县(秭归县、兴山县、巴东县)共15个区县。[3]刘晓等认为重庆三峡库区生态经济区包括万州区、涪陵区、黔江区、长寿区、梁平区、城口县、丰都县、垫江县、武隆区、忠县、开县、云阳县、奉节县、巫山县、巫溪县、石柱县、秀山县、酉阳县、彭水县等16个区县。[4]

综合学界研究,本书从流域视角将长江三峡地区范围界定为重庆市的15个区县,包括巫山县、巫溪县、奉节县、云阳县、万州区、开州区、忠县、丰都县、武隆区、石柱县、涪陵区、长寿区、江津区、渝北区、巴南区,以及湖北省的4个区县,包括夷陵区、秭归县、兴山县、巴东县。上述19个区县因跨湖北省、重庆市两省市,经济

表1 2015年长江三峡地区生产总值、三次产业平均增长率

地区	生产总值/亿元	生产总值增长率/(%)	第一产业/亿元	第一产业增长率/(%)	第二产业/亿元	第二产业增长率/(%)	第三产业/亿元	第三产业增长率/(%)
涪陵区	813.20	11.9	51.77	4.3	493.30	12.8	268.13	11.2
渝北区	1193.34	11.0	25.87	2.9	699.20	7.3	468.27	18.2
巴南区	568.30	11.3	45.00	4.2	262.00	11.9	261.30	11.8
长寿区	430.10	11.8	38.20	4.7	230.10	12.2	161.80	12.2
江津区	731.00	12.2	75.50	4.9	357.40	13.1	298.10	12.2
万州区	828.22	11.1	59.62	5.2	409.59	13.1	359.01	10.1
丰都县	150.20	12.0	28.50	5.3	71.30	15.4	50.40	10.4
忠县	222.42	11.0	34.00	4.9	112.73	14.1	75.69	9.9
开州区	325.98	11.6	52.53	4.7	165.14	14.6	108.31	10.3
云阳县	187.90	11.1	40.10	5.6	81.50	13.8	66.30	10.5
奉节县	197.50	11.5	36.00	5.0	77.10	18.2	84.40	9.1
巫山县	89.66	10.8	19.35	4.7	28.65	15.3	41.66	10.1
巫溪县	73.40	10.7	15.00	5.2	28.08	13.7	30.32	10.6
武隆区	131.40	10.5	18.66	5.3	52.68	12.7	60.06	9.8
石柱县	129.24	10.0	21.90	5.2	64.53	11.5	42.81	9.8
夷陵区	541.38	10.1	61.93	4.0	329.98	10.2	149.47	12.3
兴山县	95.07	9.9	11.45	5.3	51.65	9.9	31.97	11.4
秭归县	91.23	12.4	20.47	5.0	35.68	15.0	35.08	13.2
巴东县	88.84	9.0	17.29	5.3	36.70	8.4	34.85	11.7
地首地区合计	816.52	10.4	111.14	4.9	454.01	10.9	251.37	12.2
地腹地区合计	2335.92	11.0	325.66	5.1	1091.30	14.2	918.96	10.1
地尾地区合计	3735.94	11.6	236.34	4.2	2042.00	11.5	1457.60	13.1
三个地区合计	6888.38	11.0	673.14	4.7	3587.31	12.2	2627.93	11.8

(注：地首、地腹、地尾和各地区各项的指标增长率均为平均增长率。表中数据来自《2016年巴东县统计年鉴》《重庆统计年鉴2016》《湖北年鉴2016》《宜昌统计年鉴2016》)

地首地区生产总值为816.52亿元，其中第一产业贡献值为111.14亿元，第二产业贡献值为454.01亿元，第三产业贡献值为251.37亿元，地首地区三次产业在地区生产总值中的占比分别为

13.61%、55.60%、30.79%,由此说明地首地区已形成"二三一"产业结构。(如表2所示)

表2 地首地区三次产业在地区生产总值中的占比

类别	第一产业	第二产业	第三产业
比例/(%)	13.61	55.60	30.79

地腹地区合计生产总值为2335.92亿元,其中第一产业贡献值为325.66亿元,第二产业贡献值为1091.30亿元,第三产业贡献值为918.96亿元。地腹地区三次产业在地区生产总值中的占比分别为13.94%、46.72%、39.34%,由此说明地腹地区也已形成"二三一"产业结构。(如表3所示)

表3 地腹地区三次产业在地区生产总值中的占比

类别	第一产业	第二产业	第三产业
比例/(%)	13.94	46.72	39.34

地尾地区合计生产总值为3735.94亿元,其中第一产业贡献值为236.34亿元,第二产业贡献值为2042.00亿元,第三产业贡献值为1457.60亿元,地尾地区三次产业在地区生产总值中的占比分别为6.33%、54.66%、39.01%,由此说明地尾地区也已形成"二三一"产业结构。(如表4所示)

表4 地尾地区三次产业在地区生产总值中的占比

类别	第一产业	第二产业	第三产业
比例/(%)	6.33	54.66	39.01

从地首、地腹、地尾三个地区2015年产业结构来看,长江三峡地区在"十二五"期间已基本形成了以第二产业为支撑的发展模式。

从地首、地腹、地尾三个地区的三次产业对三个地区生产总值的贡献值来看,地尾地区第一产业占比为6.33%,分别低于地首地区、地腹地区7.28%、7.61%。由此得出,地尾地区随着"十一五"和"十二五"两个时期的发展,第一产业的主导地位已完全被二、三产业取代。地首和地腹两个地区的产业结构基本相似,说明两个地区的产业发展方向及自然资源具有相似之处。

从三次产业平均增长率来看,2015年地尾地区三次产业平均增长率,增长速度最快的是第三产业,增长率为13.1%,其次是第二产业,增长率为11.5%,增速最慢的是第一产业,增长率为4.2%。由此可见,该地区已逐步从当前的"二三一"产业结构向以现代服务业为主体的"三二一"产业结构转变。地腹地区三次产业平均增长率,增速最快的是第二产业,增长率为14.2%,其次是第三产业,增长率为10.1%,增速最慢的是第一产业,增长率为5.1%。由此可见,该地区当前是以发展第二产业为主体的"二三一"产业结构。地首地区三次产业平均增长率,增速最快的是第三产业,增长率为12.2%,其次是第二产业,增长率为10.9%,增长速度最慢的是第一产业,增长率为4.9%。由此可见,该地区三次产业结构和地尾地区一样,逐步在向"三二一"产业结构转变。从各地区生产总值来看,地尾地区5个区县生产总值为3735.94亿元,是地腹10个区县生产总值的1.6倍、地首4个区县的4.6倍,地腹地区生产总值是地首地区的2.9倍。由此可见,地尾地区整体发展水平高于地腹和地首地区,地腹地区的整体发展水平高于地首地区,地区发展水平存在不均衡现象。

从地首、地腹、地尾地区的内部区县产业贡献值来看,三个地区第一产业发展水平和附加值相差不大,但是地尾地区的5个区县二、三产业整体发展水平和附加值均高于地首、地腹两个地区。从图1看出，地首、地腹两个地区的产业发展水平和附加值相对滞后，产业空虚化现象严重。从三个地区内部来看，地尾相对较为发达地区的发展水平仍不均衡，发展水平分为三个层次，渝北区为第一层次，涪陵区为第二层次，巴南区、长寿区、江津区为第三层次，相对其他两个地区来说相差不大。地腹地区和地尾地区的各区县产业发展严重失衡，产业发展滞后，地区发展水平相对落后。

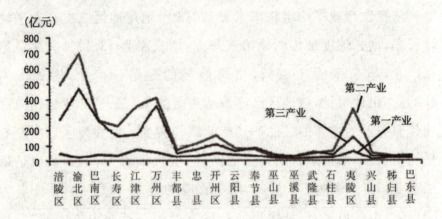

图1　19个区县2015年三次产业附加值

综合以上分析可知，长江三峡地区产业发展现状有三个特点：一是三个地区产业发展水平严重失衡；二是地首和地尾地区产业"空心化"；三是长江三峡地区产业基础相对较弱。

三、建设具有长江三峡特色的产业体系

（一）打造自然风光与历史文化旅游长廊

长江三峡地区以长江三峡黄金水道旅游景点为"骨"，以黄金水道沿线周边历史文化景点为"刺"，以地首地区为"头"、地腹地区

为"身"、地尾地区为"尾",形成"鱼形"旅游长地,并按照"一体规划、整体打造、统一营销"的思路,依托长江三峡地区三大主题旅游品牌、三大旅游区域、四大精品旅游线路的"334"格局,塑造旅游形象,以点聚区、以区带片,打造长江三峡地区自然风光与历史文化旅游长廊,构建"步步皆景、处处宜游"的生态经济旅游大景区,打造国内外重要的自然风光与历史文化旅游基地。

1. 打造三大主题旅游品牌

充分挖掘自然生态风光和历史文化,统筹规划开发以"红色旅游、蓝色旅游、绿色旅游"为主题的旅游资源,整体打造自然风光与历史文化旅游品牌,全面形成以主题旅游为重点的系列旅游产品。

红色旅游。以抗战遗址、川军战斗遗址和川军出川足迹、红军烈士陵园、红色人物纪念馆、国共内战遗址为主题,以习近平关于发展红色旅游系列重要讲话精神为统揽,以社会主义核心价值观为灵魂,以贯彻红色旅游三期规划为重任,大力弘扬民族精神和时代精神,深入挖掘红色旅游思想内涵,着力开发红色旅游文化,并形成游览观光、足迹体验、角色扮演等红色旅游产品,构建以红色价值观、红色民族精神、红色时代精神为特点的红色主题旅游。

蓝色旅游。以自然风光为主题,深度挖掘和展现三峡风光,着力开发游船漂流观光、奇峰峡谷乡村旅游等旅游产品,增强"脚踩群峰、身处烟云、穿越峡谷"的旅游体验,构建观峰、住峰、穿峡为特点的蓝色主题旅游。

绿色旅游。以原始森林为主题,依托天文、水文、地文、生物等资源挖掘和展示秦巴山脉和武陵山脉原始风貌,着力开发秦巴山脉和武隆山脉原始森林水文和地文观光采风、珍稀植被和动物鉴赏、秦巴山脉和武隆山脉特产、户外体验等旅游产品,构建以秦巴山脉、武隆山脉原始森林为特点的绿色主题旅游。

2. 建好三大旅游区

一是以重庆主城历史人文、"渝水"资源为主体,整合渝北区统景、张关水溶洞、巴渝民俗文化村、龙兴古镇、巴南区东温泉—南温泉旅游度假区、长寿区长寿湖、江津区四面山等旅游资源,打造长江经济带"大都市旅游区"、中国大都市山水休闲度假地。二是依托长江黄金水道自然风景,并结合三峡工程蓄水后的水位特点,加大支流自然风景的投入(大宁河流域、乌江流域、嘉陵江流域),如秦巴、武陵山脉原始森林等国家森林公园和长江沿线红色旅游资源、特色城镇,打造三峡工程蓄水后的"三峡'三色'旅游区"。三是以世界级水利工程三峡大坝工程为中心,扩展到奉节白帝城、天坑地缝、巫山神女峰、小三峡,巫溪大宁河、红池坝,恩施沐抚大峡谷,打造国内外知名的"三峡大坝旅游区"。

3. 挖掘四大精品旅游线路

以三大旅游区为核心,强化打造整体旅游线路,构建江津—巴南—渝北—长寿—涪陵—武隆,丰都—石柱—忠县—万州,城口—开州—云阳—奉节—巫山—巫溪,奉节—巫山—巴东—秭归—夷陵—兴山—巫溪等四大精品线路。同时,积极推动四大精品线路与重庆市主城区,梁平区的双桂堂、东山森林公园,城口县的苏维埃政权遗址、九重山森林公园,渝东南、渝西地区的旅游景区(景点),宜昌市景区,神农架林区等联动发展。

(二)建设特色效益农业示范长廊

立足秦巴山脉、武陵山脉特色山林资源,打造特色种养殖产业链,积极推进长江三峡农产品品牌和农产品安全体系建设,在长江三峡农林产品主要产区或适当产区因地制宜地布局建设现代农业示范园,同时以科技化、规模化、全链式为支撑,发展长江三峡特色效益农业,构建以点带片、以片连面的现代特色效益农业示范长廊,着力打造全国有机农产品的主要供给基地。

1. 推进现代农业示范园区建设

突出资源优势和产业特点,在地首地区培育以烟叶、茶叶、蔬菜、水果、生猪养殖等农产品为主导的长江三峡大坝现代农业示范园区;在地腹地区培育以水果、榨菜、茶叶、中药材、草食牲畜、生态渔农产品为主导的长江三峡特色现代农业示范园区;在地尾地区培育以智慧农业为核心技术的长江三峡智慧现代农业示范园区。同时,在各示范园区开展创新农业科技"先行先试",推进技术集成化、种养殖过程机械化、生产经营信息化同步发展。

2. 加强"三峡"农产品品牌建设

强化"三峡"农产品品牌建设,依托资源环境优势,发展生态循环农业,全面推行标准化生产,开展无公害、绿色、有机农产品基地认定、产品认证和国家地理标志产品认证,扩大"三品一标"认证规模。打造具有"三峡"特色、市场竞争力强、知名度高的品牌,对产品进行统一标识,进一步提高农产品的增值率。

3. 完善质量安全监管服务体系

实施农产品质量安全保障工程,加快农产品质量和安全检验检测体系建设。强化农产品生产源头管控,开展农产品产地环境污染调查与治理修复,加快推进测土配方施肥,控制化肥、农药施用量,提高其利用效率。健全农产品质量和安全追溯体系,建立统一追溯标准和编码规则。构建完善的农产品质量和安全追溯管理平台,实现信息互联互通和资源共享。

(三)建设特色资源绿色加工长廊

以重点领域、重要地区为载体,以生态、循环技术为支撑,以生态农业、生态工业中的重点项目为抓手,按照集群化、品牌化、生态化的基本要求,大力发展以长江三峡地区自然资源、生态资源为主体的资源加工转化产业,加强建设长江三峡地区特色资源绿色加工长廊。

1. 着力发展绿色特色产品精深加工产业

以市场需求为导向、绿色生态为特色,以特色、绿色发展为主旨,充分利用长江三峡地区水产资源、秦巴和武隆山脉良好的生态,并打破各自为政的格局,整合资源,统一品牌标识,打造特色资源精深加工产业链,建成长江经济带绿色食品、中药材加工基地。

绿色食品加工基地。突出绿色、健康、安全,充分利用三峡地区的水产品、秦巴和武隆山区的特色农产品,大力发展蔬菜、柑橘、肉制品、调料品等生活必需品精深加工,并提升各类休闲食品和保健品等功能性绿色食品精细加工能力,打造长江三峡原生态特色农产品系列。同时,带动渝东北生态涵养区垫江—梁平—丰都—忠县农产品特色经济板块再次升级。

中药材加工基地。依托长江三峡地区天麻、大黄、川牛膝、党参、太白贝母、木香等中药材,引进医药龙头企业和培育本土制药企业,发展中药提取物、中药制剂等生物医药产业和以中药材为原材料的保健品产业,促进三峡地区中药材优势的再次开发。

2. 促进资源加工集约节约循环发展

依托长江三峡地区31个工业园区以及渝东北生态涵养发展

区、"万开云"特色产业板块、垫江—梁平—丰都—忠县农产品特色经济板块、奉节—巫山—巫溪—城口特色旅游板块等特色工业园和特色产业板块,聚集发展特色优势产业,建立各类特色产业集群,创建各类特色产业基地。积极主动承接长江经济带上游和下游地区产业转移,集约发展高新技术、绿色生态、装备制造等配套产业以及精细化工、能源材料加工产业。加快推进产业结构调整,淘汰落后产能,化解过剩产能,拆除高污染、高能耗项目。同时,加快构建循环型工业体系,促进产业上下游产业链的配套完善,以及加快构建生态工业体系,实现工业"三废"的再利用,实现资源加工集约节约循环发展。

(四)构建沿江现代物流走廊

依托长江"黄金水道""沪蓉高速""渝宜铁路"等区域干线,以沿江港口和长江流域各支流码头、物流园区等为节点,通过改造提升道路等级、新建快速通道、新建城际铁路、新建机场,加快打通长江三峡地区无缝连接的快速物流通道,确保物流畅通。加快涪陵—万州—宜昌(沿江高速公路)、利川—万州—达州(高速公路)、重庆—万州—宜昌(沿江铁路)、万州—开州—西安(铁路)、万州—开州—达州(铁路)、巫山机场和武隆仙女山机场等建设,形成川、陕、鄂立体沿江现代物流走廊。

(五)发展环保产业集群,注入"绿色动力"

习近平在2016年1月4日至6日考察重庆时强调,"保护好三峡库区和长江母亲河,事关重庆长远发展,事关国家发展全局。"他要求长江三峡地区走生态优先、绿色发展之路。长江三峡地区生态经济的产业体系建设应积极响应国务院《"十三五"国家战略性新兴产业发展规划》,并按照集约化、集群化、集聚化的原则,积极建设长江三峡环保产业园,构建业务多元、灵活多样、全产业链的"大环保"平台,以园区化承载方式,吸引国内外特别是发达国家环保领先企业进驻,努力建设集环保技术开发、孵化、设备制造,环保工程设计,环保软件开发,环保产品展示交易,环保技术服务等功能于一体的现代化绿色园区,将长江三峡地区打造成环保、治水、治气、节能、新材料、新能源等高新技术产品的研发和产业化基地。具体来讲,一是扶持环保综合服务、资源综合利用、环保技术装备三大领域的环保龙头企业。二是培育污水和污泥处理设备制造、大气污染防治设备(产品)制造、固体废弃物收运处理设备制造、环境仪器仪表制造及环境修复、再生资源综合利用、固体废弃物综合利用等七大环保产业集群。三是大力发展环保交易、管理咨询、环保运营等环保服务产业,推进工业园区上中下游产业链、水电气热联供、基础设施配套、物流配送服务、生态环境保护管理的一体化。

参考文献

[1] 崔如波. 三峡库区移民与生态经济发展研究[J]. 西南民族学院学报(哲学社会科学版), 2002(8).

[2] 潘晓洁, 万成炎, 张志永, 等. 三峡水库消落区的保护与生态修复[J]. 人民长江, 2015(10).

[3] 李桂媛, 李凡星, 程丽媛, 等. 三峡库区自然资本与生态功能动态变化研究[J]. 资源开发与市场, 2016(11).

[4] 刘晓, 苏维词. 基于生态足迹模型的重庆市三峡库区可持续发展对策研究[J]. 水土保持研究, 2018(2).

以绿色发展理念引领三峡库区第三产业发展

——以重庆市万州区为例

（中共重庆市万州区委党校 张婷）

绿色发展理念是马克思主义生态理论与当今时代特征相结合，又融汇了东方文明而形成的新的发展理念，是基于可持续发展思想产生的、致力于提高人类福利和社会公平的新的发展理念。践行绿色发展理念是建设现代化经济体系的任务之一，更是三峡库区可持续发展的必然选择。近年来，重庆市万州区顺应党的十九大报告中关于长江经济带发展的定位要求，积极践行绿色发展理念，大力转变经济发展方式、调整产业结构，坚持以第三产业提档升级为抓手，推动万州区经济质量变革、效率变革、动力变革，促进重庆市万州区第三产业高质量发展。

一、万州区第三产业提档升级的基础条件

（一）经济水平稳步提升

万州区地区生产总值由2013年的702亿元增加到2016年的

897.4亿元,地区生产总值连续两年排名重庆市第四位。固定资产投资由2013年的507.6亿元增长到2016年的635.05亿元。2016年,万州区第三产业增加值444.02亿元,占渝东北地区第三产业增加值总量的31.1%。(数据来源:重庆市万州区人民政府2014年度、2017年度工作报告)

(二)人均收入逐年递增

2013年以来,万州区人均收入逐年提升。随着收入递增,居民消费水平也随之提高,特别是对第三产业的消费要求越来越高。

(三)三次产业结构日趋合理

2016年,万州区三次产业结构比为7.5:47.9:44.6,三次产业结构日趋合理。第三产业占比由2013年的41.1%上升到2016年的44.6%,体量逐年增加。(数据来源:重庆市万州区人民政府2014年度、2017年度工作报告)

(四)第三产业发展环境持续改善

一是城市功能日益完善。城市开发步伐加快,旧城改造有序推进,滨江环湖地区基本建成,高峰片区、高铁片区初具规模,"一环两翼"格局基本形成。城市建成区面积达到67.2平方公里,城区常住人口85万人,城镇化率63%。体育场、游泳馆、三峡移民纪念馆等公共建筑建成并对外开放。二是交通枢纽基本形成。2016年,万州区累计完成重大交通项目投资226.5亿元,新增铁路里程47.8公里、高速公路里程49.2公里,营运铁路达到3条、高速公路达到4条。神华神东电力重庆万州港电码头、万州港、万州机场、万州高铁北站运营良好。

二、万州区第三产业发展特征

近年来,万州区第三产业发展呈现出以下特征:一是传统服务业的比重下降,新兴服务业的比重上升;二是劳动密集型服务业的比重下降,资本、技术和知识密集型服务业的比重上升;三是中介服务机构增多,服务项目细化,服务质量提高,服务的附加价值率上升。具体表现为以下几个方面。

(一)商贸流通业仍是主流

万州区是长江上游老牌商贸流通中心,虽然经过三峡移民、重庆直辖、行政中心转移等变迁,但到目前为止,商贸流通业仍是万州区第三产业的重要板块。2013年至2016年,万州区批发和零售业销售额逐年递增,2016年贸易业商品销售总额突破1000亿元,年均增长21.5%。商贸流通业也位于全市前列,2016年,万州区社会消费品零售总额达327.5亿元,占全市4.5%,排名第7位。

(二)传统第三产业有所发展

传统商贸业方面,随着万达商业广场及酒店运营走上正轨,城市之星商业综合体招商招租工作逐步向好,万州海宁皮草城、欣光名车广场等卖场投入使用,万州区商贸业取得了质和量的飞越。连续四年成功举办国际美食节、汽车消费展、房地产展示交易会等会展活动,万州区分水镇还被评为全市首批"商贸强镇"。

传统旅游业方面,万州区甘宁镇被评为重庆市特色景观旅游名镇,天城镇成功创建市级农家乐休闲旅游示范镇,被评为全市"最美乡村旅游度假镇"。2014年万州区成功承办第五届中国长江三峡国际旅游节,2016年住宿和餐饮业营业收入达到81.8亿元,年均增长19.4%,累计实现旅游综合收入240亿元。

传统金融业方面,兴业银行万州支行挂牌营业,邮政储蓄银行万州支行升级为二级分行。2015年万州区金融业增加值占地区生产总值比重提高到4.35%,2016年新增金融机构26家,存贷比提高8.9个百分点。

（三）新兴业态进入公众视野

万州区2013年新增电子商务企业和经营户2055户,网络零售额10.1亿元;2014年电子商务企业和经营户达到2700户,实现网上交易额21.09亿元。网络消费、电子支付日渐进入公众视野,符合年轻一代的消费习惯。利用各种手机App软件购买服务,迅速催生各类新兴业态,如代购、送货、网约车、全套餐饮配送等。

三、进一步提升万州区第三产业发展水平的几点建议

（一）着力优化商贸流通业

1. 强化规划引领作用

按照"一核四圈"总体布局,推进江南CBD(中央商务区)、万州

友豪红星美凯龙项目建设,万州国际汽车机电建材城二期、奥特莱斯商城竣工运营。打造特色商业街5条,新培育限额以上商贸企业30家。健全三级物流配送体系,建成万州现代综合物流中心一期。深化农村"三进"和"农超对接"工程,创建全国电子商务进农村综合示范区。加强市场监管和物资调度,保障大宗商品供给和物价基本稳定。

2.加强商贸基础设施建设

以万州区滨江环湖商业带、董家市场物流园和新田港口物流园、高笋塘商圈、江南商圈、高铁商圈为着力点,在滨江环湖地区建设大型商业综合体、购物中心、会展设施、五星级酒店、特色商业街、商务写字楼等商贸服务项目,打造库区环境最美、配套最全、服务最优的商贸、商务、酒店、美食、会展中心。推进以生活资料交易为主的董家市场物流园建设,培育农副产品、服装百货等十大市场群,初步建成现代商贸物流新城;推进以生产资料交易为主的新田港口物流园建设,初步建成集仓储、物流等一体的现代化港口物流园。通过提档升级,将高笋塘商圈打造成三峡库区及渝东北地区的核心商贸区。通过新建购物中心、会展场馆、商业街等项目,引进总部经济、金融机构等,将江南商圈建设成江南现代商务中心。高起点规划塘坊高铁商圈,增强对周边区县的辐射和聚集。同时,加快百安坝、周家坝、北山、观音岩、牌楼、双河口等地的商贸服务业发展,培育增量,盘活存量。

3.加强现代流通体系建设

构建"一环两港五园八站"物流体系,引进培育一批现代物流市场主体。优化布局城市流通网络,有序推进城市商业中心和商业街区建设,支持特色商业适度聚集,鼓励便利店、中小综合超市等发展,构建便利消费、便民生活服务体系。大力发展农村流通网络,鼓励大型流通企业向农村延伸经营网络,增加农村商业网点,拓展网点功能,积极培育和发展农村经纪人,提升农业物流配送能力和营销服务水平。大力发展城乡一体化营销网络,畅通农产品进城和工业产品下乡的双向流通渠道。大力发展第三方物流网络,加强区际配送、城市配送、农村配送衔接,降低物流成本,提高物流效率。大力发展废旧物品回收网络,促进循环消费和可持续发展。

4. 加快供应保障体系建设

加快建设和改造一批具有公益性质的农产品批发市场、农贸市场、菜市场、社区菜店、农副产品平价商店以及重要商品储备设施、大型物流配送中心、农产品冷链物流设施等,发挥公益性流通设施在满足消费需求、保障市场稳定、提高应急能力中的重要作用。建立和完善重要商品储备制度,适当扩大粮油、肉类、蔬菜等生活必需品储备规模。强化市场运行分析和预警机制,增强市场调控的前瞻性和预见性。另外,还应该确保市场物价基本稳定。

5. 加强骨干商贸企业培育

建设和完善成长型商贸企业考核奖励制度。在批发、零售、住宿、餐饮、商务服务、居民服务和外贸企业中,分类筛选一批盈利模式较好、经营规模较大、增长潜力较强的企业,实施重点扶持。积极为重点企业排忧解难,使其营业收入保持25%~30%的增长速度。

6.加强市场经营秩序管理

加强对关系国计民生、生命安全等商品的流通准入管理,形成覆盖准入、监管、退出的全程管理机制。建立健全肉类、水产品、蔬菜、水果、酒类、中药材、农业生产资料等商品流通追溯体系。加大流通领域商品质量监督检查力度,改进监管手段和检验检测技术条件。依法严厉打击侵犯知识产权、制售假冒伪劣商品、商业欺诈等违法行为。加强网络商品交易的监督管理。规范零售商、供应商交易行为,建立公平公正的零供关系。加快商业诚信体系建设,完善信用信息采集、利用、查询、披露等制度,推动行业管理部门、执法监管部门、行业组织和征信机构、金融监管部门、银行业金融机构信息共享。

7.加强对外开放平台建设

完善库区对外开放平台建设,发挥库区中心城市的对外开放功能。加快发展对外贸易,加强出口企业主体、品牌培育和出口基地建设,推进服务外包工作。广泛开展国际经济技术合作,支持有条件的企业"走出去",推动种植、矿产、加工、地产、贸易、酒店、餐饮等行业投资经营,通过新建、并购、参股、增资等方式建立海外分销中心、展示中心等营销网络和物流网络。加强口岸建设,完善进口保税仓库功能,加快设立出口监管仓库,争取尽快开放水运、航空口岸,推进库区保税港区的规划建设工作。

(二)积极打造旅游集散中心

1. 坚持旅游一盘棋的整体思路

加快"四水"资源开发,推进高峡平湖旅游度假区建设,加快锦绣三峡、北滨公园、天生城遗址公园建设;完善万州大瀑布群基础设施,加快何其芳故居修缮;建成长滩温泉核心区;启动潭獐峡景区路网和配套设施建设。大力发展乡村旅游,加快高粱贝壳山休闲地产开发、罗田古镇打造,启动甘宁、太安、恒合全域旅游示范镇建设。完善旅游服务设施,加强旅游宣传营销。

2. 创建以万州区为龙头的多边合作机制

一是建立统一、高效、权威的旅游合作机构。成立由万州区主要领导和渝东北其余十县分管领导组成的旅游发展协调委员会,负责对域内旅游业总体规划、资源开发、宣传促销和行业管理等方面进行统筹、协调。协调委员会定期召开旅游联席会议,解决旅游合作过程中的重大事宜。二是共同携手,争取国家及市级层面的政策支持。可在协调委员会的领导下,组建专门团队,共同争取国家对建设国家主体功能区试点示范、国家生态文明先行示范区以及秦巴山片区扶贫开发的政策支持,积极促成川陕鄂渝四省市共同向国家有关部委争取,将秦巴、武陵山区生态旅游协作区以及秦巴、武陵山区国家公园纳入国家战略规划。三是大力争取市级扶贫资金及市级文化旅游产业引导股权投资基金的支持。

3. 开发以万州区为起点的精品旅游线路

集中力量打造精品景点景区,共同申报长江三峡国家公园和秦巴山区生态旅游协作区,协力打造国家级生态旅游品牌。主动开发精品生态旅游线路,包括短期三日游、长假七日游等。短期游可设计几条"小环线":以万州区为起点,经开县、城口县后返回万州区的生态游;以万州区为起点,经梁平区、忠县、垫江县、丰都县后返万州区的文化游;以万州区为起点,经云阳县、奉节县、巫山县、巫溪县后返回万州区的三峡游。长假游可设计"大环线":以万州区平湖游为起点,包揽梁平区双桂堂、丰都县鬼城、云阳县张飞庙、奉节县白帝城在内的文化游和巫山县、巫溪县的峡谷风情游。

4. 打造以万州区为中心的立体化旅游产业

充分发挥滨江环湖优势,打造集游、购、娱为一身的立体化旅游文化产业。开发以西山公园、三峡移民纪念馆为主的文化景点,打造万州区城市休闲旅游区,在滨江环湖沿岸布局三峡会展中心、三峡移民纪念馆、三峡文化艺术中心、三峡科技馆、万州区游泳馆、万州区体育场、三峡民俗风情街、游艇俱乐部、水上运动中心、三峡文化创意产业园等旅游文化设施,满足不同层次游客的需求。

5. 提升生态旅游发展环境质量

优化城市空间与功能布局,遵循美丽山水城市规划,建立凸显滨水宜居旅游城市特色的空间形态管控体系。推进旧城功能疏解和新区开发,将滨江环湖地区打造成高峡平湖美景的集中展示地,将高峰片区打造成产城融合的活力新区,将高铁片区打造成靓丽的窗口和名片,将城周九大山头打造成风景各异的后花园。大力推进"两横两纵"铁路骨架网、"一环七射"高速公路网和"一空一港"建设,大力推进郑万高速铁路建设,扩能改造达万铁路。建成新田至高峰高速公路连接线,形成80公里城市外环;力争开工建设万忠北线、达万直线高速公路;建成新田港铁路专用线,加快推进万州机场改扩建工程。

6.构建统一的旅游市场秩序

建立统一的旅游诚信管理系统、旅游团队服务管理系统、行政执法处罚监察系统、旅游质量监督投诉系统。通过完善相关制度,搞好统筹协调,加强旅游市场质量状况信息交流,加强旅游市场管理决策的协调工作。按照"资源共享、协同配合"的原则,强化区域旅游综合执法检查和投诉处理工作。坚持和完善假日旅游协调机制,在节假日、旅游旺季、重要节庆活动期间做好组织协调工作,确保统筹协调、整体联动、规范管理、健康有序和旅游效益。统筹做好旅游资源保护工作,坚决杜绝破坏旅游资源的现象发生。

(三)全面培育特色金融服务

1.培育良好的金融生态

引进金融机构2家,推动三峡人寿保险公司、重庆三峡融资租赁有限公司和万州经济开发区产业股权投资基金正式投入营运,支持三峡银行、川东路桥上市挂牌,做大做强三峡水利。推动信贷资源向实体经济倾斜,强化对小微企业和"三农"等薄弱领域的金融服务。

2.金融创新与产业转型相互协调

财政投融资主体应继续发挥产业引导作用,在万州区产业发展中,尤其是在支柱产业的培育、龙头企业的打造、产业转型、产业聚集方面,要继续发挥主要支持作用。金融创新要侧重于迁建企业融资、基础设施项目融资、直接向中小企业融资三种渠道。对具有资源优势的企业、项目,应积极配合财政投融资主体,给予融资支持,加快推动产业结构调整和升级。

3. 引进丰富的金融工具

大力发展票据贴现和同业拆借市场,逐步建立商业信用和银行信用,使资金流动更畅通。大力培育本土资本市场,发展可转换债券、基金凭证、私募股权基金。

(四)实现第三产业现代化发展

1. 以"互联网+"为手段实现服务业智能化

开发方便实用、可维护的智能导购系统,实现餐饮、医疗、教育、出行等服务行业生产自动化、服务现代化。实现图书馆、阅览室、公园、游艺场所、体育馆、文化宫、消防、自来水等社会公共服务智能化。

2. 建立现代化流通机制

实现流通领域信息化、自动化和流通领域经营管理科学化。逐步推行包装零售机械化,仓库储运立体化、专业化。规范无纸币市场监管机制。利用销售信息进行销售分析、库存分析、市场调查和预测。

绿色发展视域下龙溪河流域生态经济带协同一体化发展研究

(中共重庆市梁平区委党校 邱雪茹)

绿色发展是党的十八届五中全会提出的指导我国"十三五"时期乃至更为长远时期的科学的发展理念和发展方式。习近平在重庆考察时,在推动长江经济带发展座谈会上指出:"推动长江经济带发展必须从中华民族长远利益考虑,走生态优先、绿色发展之路,使绿水青山产生巨大生态效益、经济效益、社会效益,使母亲河永葆生机活力。"党的十九大报告再次强调:"以共抓大保护,不搞大开发为导向推动长江经济带发展。"龙溪河是长江左岸一级支流,是长江经济带的重要组成部分,在"加快生态文明体制改革,建设美丽中国"的大背景下,如何顺应绿色发展要求,推进龙溪河流域生态经济带协同一体化发展,值得我们思考。

一、龙溪河流域生态经济带协同一体化发展的重大意义

(一)龙溪河流域生态经济带协同一体化发展是加快重庆市融入长江经济带建设的战略举措

龙溪河流域是三峡库区重要生态屏障,是长江经济带的重要

组成部分。加快龙溪河流域生态经济带建设是贯彻落实习近平"共抓大保护,不搞大开发"指示的重要举措。作为重庆市落实长江经济带战略的重要腹地之一,龙溪河流域协同发展可以增加重庆市融入长江经济带战略腹地100至150公里的区域,避免重庆市融入长江经济带过于依赖扁平化的东西方向,从而拓展南北方向厚度,有利于优化开发阵地、整合开发资源、提高开发效率,推动三峡库区流域经济社会协调发展,打造承接大都市、联动"万开云"、辐射"川东北"、推进"渝广达"的新节点;有利于增强重庆市作为长江经济带的西部中心枢纽和成渝城市群战略核心的功能定位,充分发挥重庆市在国家区域发展与对外开放战略格局中独特而重要的地位和作用。

(二)龙溪河流域生态经济带协同一体化发展是实现流域环境共治和可持续发展的必然选择

第一,加快推进流域环境共治。龙溪河流域生态经济带协同一体化发展有利于统筹资源、综合施策,实施流域同治理、同保护、同利用,协同推进流域水污染防治、水资源管理和水生态保护,提升治理措施的精准性,有效解决流域水资源、水环境承载力与经济社会发展不相匹配及流域饮水安全等问题。第二,实现流域可持续发展。龙溪河流域一体化发展有利于统筹流域生产、生活、生态等各项经济社会活动,创新联动,构建空间开发、产业结构、生产生活新格局,推进流域可持续发展。

(三)龙溪河流域生态经济带协同一体化发展是加强区域合作特别是成渝城市群建设的大势所趋

龙溪河流域三区县(梁平区、垫江县、长寿区)均属于成渝城市群范围,位于成渝双核之一的重庆核心、沿长江城市带和南遂广、达万城镇密集区之间,构成一个内部联系紧密而开放的组团。因此,建设龙溪河生态经济带有利于促进该区域城镇体系建设由点到线,合理推动人口适度聚集和梯度转移,一方面弥补川东渝东地区城镇群建设的短板,另一方面通过人口的梯度转移为生态保护预留更加广阔的空间,继而加强成渝城市群东部片区的建设。

（四）龙溪河流域生态经济带协同一体化发展是对广大干群强烈期盼的积极回应

一是群众反响强烈。龙溪河流域三区县虽同属省（市）级行政区,但因发展不平衡带来的部分政策和执法差异、步调不统一、利益不均等问题,造成人民群众的获得感和幸福感不一致,群众对河流污染问题反响强烈。二是区县愿望迫切。受行政区划阻隔,三区县经济社会空间拓展受到限制,特别是龙溪河流域环境污染难治、产业协作不够、基础设施不完善、交通互联互通不畅等大量现实问题,影响了龙溪河流域经济社会的纵深发展。三区县在多场合、多层面进行呼吁,并在重庆市两会期间密集提出龙溪河流域协同发展的相关提案。三是上级关注支持。近年来,重庆市级层面开始关注龙溪河流域协同发展问题并以多种形式推动协同发展。如重庆市发展和改革委员会、重庆市环保局等部门在龙溪河流域经济、环境综合治理等方面开展了具体工作,市级相关领导也曾多次关注并就加快龙溪河流域协同发展提出相关要求。

二、龙溪河流域现状

(一)基本情况

龙溪河是长江左岸一级支流,发源于梁平区境内明月山,干流由东北流向西南,经垫江入长寿湖,在长寿凤城街道走马村6组汇入长江。龙溪河全长229.8公里,河床宽80~150米,全域面积4834平方公里,平均年径流总量16.18亿立方米;其中"长垫梁"三区县流域面积2943平方公里(见表1),占全流域面积的91.1%,涉及48个乡镇(街道),其余流域面积涉及忠县、丰都县和涪陵区。流域地处大巴山支脉,地势自东北向西南倾斜,构成"两山夹一槽"地貌。该区域各部分地域相邻、山水相依、地缘相似、人文相亲、交通相连,区域合作历史悠久,总人口约280万人,经济总量近900亿元。布局国家级工业园区1个,国家级农业园区3个;市级工业园区2个,市级农业园区6个(含在建4个);小微(乡镇)企业孵化园近40个;国家4A级旅游景区6个。

表1 龙溪河流域三区县现状统计表

地区	河流长度/km	流域面积/km²	涉及乡镇/个	主要支流/条	年径流总量/亿m³	森林覆盖率/(%)
梁平区	60.2	800	14	12	4.33	44.2
垫江县	96.8	1491	24	6	8.08	43.0
长寿区	72.8	652	10	6	3.77	45.1
合计	229.8	2943	48	24	16.18	—

(二)环境状况

水质方面:据监测结果显示,龙溪河源头水质较好,常年保持在Ⅱ类水质以上;普顺镇、六剑滩、磨刀溪近年来水质不断改善。

水生态方面:据资料显示,流域浮游植物103种,以蓝藻为主;浮游动物89种,底栖动物28种,鱼类及水禽51种。部分城镇河段存在黑臭水体,底泥污染严重,水生态受到破坏。

陆生生物方面:流域是常绿针、阔叶林植被带,植物资源135科492种,珍稀保护植物26种;陆生动物资源35科92种,国家级保护动物7种。

水土保持方面:龙溪河流域在三区县范围内水土流失面积约占40%,达到1190平方公里。其中,中度、强度侵蚀面积808平方公里,极强度侵蚀面积122平方公里。

(三)经济现状

据重庆市统计年鉴,2016年龙溪河流域三区县地区生产总值988.3亿元,占全市生产总值的6.0%;三区县三次产业结构比例为12.7∶52.5∶34.8,重庆市三次产业结构比例为7.3∶45.0∶47.7。(具体数据见表2)

表2　2016年龙溪河流域三区县主要经济指标统计表

(单位:亿元)

地区	地区生产总值	第二产业增加值	固定资产投资	社零总额	地方公共预算收入	居民人均可支配收入
梁平区	271.0	145.6	310.4	90.3	19.5	19353
垫江县	263.3	130.5	331.6	93.5	17.2	19563
长寿区	454.0	242.7	589.2	117.1	37.4	23519
合计	988.3	518.8	1231.2	300.9	74.1	62435

(四)产业现状

农业方面:龙溪河流域以粮油、蔬菜、生态渔业、水果、花卉等为主导的特色农业产业体系基本形成,梁平柚、沙田柚、张鸭子、夏橙、牡丹花等远近闻名;成功创建9个国家级和市级农业园区(基地),农民合作经济组织接近2000个。

工业方面:形成以综合化工、钢铁冶金、生态塑料、光电科技、钟表计时及精密加工、装备制造、消费品工业等为支柱的特色工业体系。初步形成以长寿经济开发区、垫江工业园、梁平工业园为主引擎,街镇工业、中小企业创业园(基地)为补充的工业布局体系。

服务业方面:长寿湖景区和长寿菩提古镇成功创建国家4A级景区,垫江牡丹园、梁平百里竹海、双桂堂旅游景区加快推进,文(农)旅融合发展已成为龙溪河流域和明月山系的主推方向。三区县以城区为核心的多个特色商圈初步形成。

(五)城镇现状

初步形成以城区为核心、以重点镇为支撑,辐射带动一般乡镇的城镇发展体系。据《重庆市统计年鉴2017》,三区县城镇化率达到48.3%(三区县户籍总人口280万人,常住人口216.7万人,城镇人口104.6万人)。其中长寿城区建成56.9平方公里,40万人;垫江县城区建成18.9平方公里,21万人;梁平城区建成20.1平方公里,20万人。5万人以上的重点镇8个,3万人以上的特色镇28个。

(六)交通状况

基本形成"以高速公路、铁路为骨架,以国道、省道、城市骨干道路为支撑,县乡道路为脉络"的综合交通网络。建有渝利、渝怀、达万、渝万等4条铁路,建有沪渝、渝万、长涪、梁忠及长寿湖旅游等高速公路,G243、G318等国道穿越其境,渝长高速复线工程加快推进。各区县乡镇通畅率、行政村通达率实现100%。

三、主要问题

(一)水环境形势依然严峻

水资源不足:据2011年水资源普查资料显示,流域人均水资源量约1000立方米,远低于全国(2100立方米左右)和全市(1800立方米左右)平均水平,属于水资源相对贫乏的区域。防洪保安设施不够,部分防洪保安工程不达标,防洪措施不完善,群众防洪意识差。水污染严重:环保基础设施不完善,污染物总量削减不到位,水环境质量未达到Ⅲ类水域功能要求,枯水季节水质为Ⅴ类或劣Ⅴ类,水环境难以支撑流域内经济社会发展。

(二)产业发展关联度不高

农业产业布局分散,集约化和规模化程度不高;工业产业分工协作体系尚未形成,产业关联度较低;商贸不活,层次不高,吸附力不强;旅游业仍以过境游为主,长江三峡国际黄金旅游经济带开发深度不够、品质不高。

(三)城镇化水平较低

龙溪河流域城镇化率仅48.3%,远低于全市59.6%的平均水平,也低于全国54.7%的平均水平,比"万开云"板块(万州区、开州区、云阳县)低1.8个百分点。城镇结构体系不优,部分城镇规划不合理,建设不规范,管理水平不高,基础设施不完善,文化特色不突出。

(四)交通设施有待完善

流域内的公路和铁路等运输相互衔接不够,空运尚未发挥作用,干线公路技术等级低,综合交通运输能力有待提升。物流网络体系不健全、要素流动不畅、物流成本高,阻碍了经济社会整体发展。

四、龙溪河流域生态经济带协同一体化发展的格局构想

龙溪河流域生态经济带协同一体化发展,应积极贯彻新理念,保护龙溪河,涵养明月山,构建"二河三带四区"协同一体化发展格局。

"二河"。生态河:水质全面达标,水生态得到改善,两岸植被恢复,生物多样性得到保护。美景河:河水清澈、两岸翠绿、花果飘香、山水相映、田野万顷,人与自然和谐共生。

"三带"。生态农业带:以龙溪河为中轴线,利用浅丘平坝、万顷良田,规划打造品种多样、创意独特、布局合理的现代农业产业带、生态农业观光带、农旅融合发展带。山水文化旅游带:深度挖掘长寿文化、牡丹文化、竹禅文化、非遗文化等,以明月山、龙溪河为载体,打造长寿湖、菩提山、牡丹园、百里竹海、双桂堂及龙溪河沿河景区的山水文化旅游带。绿色城镇带:分别以三区县城市为基础,打造精品城市。沿交通主动脉,打造基础设施完善、功能配

套齐全、宜居宜业宜游的若干个特色风情集镇,构建龙溪河流域统筹城乡一体化的新型绿色城镇带。

"四区"。国家级现代农业示范区:以绿色生态为根本,以当代科学技术和现代装备为支撑,打造产业布局合理、管理方式先进、资源利用高效、供给保障安全、综合效益显著的现代农业示范区。国家级高新技术产业区:坚持把创新驱动作为第一动力,以绿色生态为核心,以智力密集和开放环境条件为依托,创新多种业态,培育新兴产业和构建创新平台,加快科技转化利用,建设国家级高新技术产业区。流域经济一体化发展示范区:通过同城化推进,努力实现环境共治、交通设施互联互通、产业协作互补、文旅共融发展、服务共享一体,打造流域经济一体化发展示范区。国家生态文明建设示范区:优化生态空间,发展生态经济,保护生态环境,弘扬生态文化,健全生态文明制度,建成绿水青山、绿色低碳、人文厚重、和谐宜居的生态文明示范区。

五、龙溪河流域生态经济带协同一体化发展对策建议

（一）环境共治,山水共保,建设生态河、美景河

1. 共治污染,保护环境

按照流域综合治理方案,协同治理工业、农业、生活三大污染源。完善工业园区污水管网和企业治理设施,确保企业排放达标。完善城镇污水处理设施,逐步提档、提标升级;完善二、三级污水管网,提高生活污水收集率和处理率。加大流域面源污染治理力度,

统一并完善畜禽养殖禁养区的划分管理,彻底取缔禁养区的各种养殖场。全面整治限养区、适养区畜禽养殖场,实现流域畜禽粪污资源化和综合利用,基本做到"零排放"。规范水产养殖,严禁肥水养鱼,推行循环养殖技术,节约水资源,减少水污染。实施流域主要河段河道清淤、生态护堤、两岸绿化和水生态恢复。建立流域禁投清单,淘汰落后产能,提升传统产业,产业发展严格遵循环境准入规定,控制新污染。健全流域环境治理、环境监管新机制。严格执法,实行"多方联动"(环保执法与政法部门联动、三区县联动、区县及乡镇联动),坚决打击环境违法行为。通过全面治理,大力削减排污总量,腾出水环境容量,为流域特色工业、绿色城镇、生态农业的发展提供环境支撑,力争用2年时间实现流域主要断面年均水质达标,用5年时间实现流域主要断面水质全面达标。

2. 严守红线,保护生态

根据生态功能重要区域和生态环境敏感脆弱区域的空间分布,以自然保护区、风景名胜区、重要河道、水源地、湿地公园、森林公园等为重点,划定全流域生态保护红线,严格自然生态空间管理,严禁龙溪河流域两岸随意开发,实现山水林田湖整体生态功能最大化。划定生态保育区、生态缓冲区和合理利用区,构建流域生态安全屏障。对明月山等主要山脉,坚持生态优先原则,在保护中开发,在开发中保护,打造生态旅游景区。依法实施景区环境整治,重点整治矿山开采加工,恢复矿山生态,完善景区环保设施,确保景区干净整洁。进一步加强天然林保护工作,积极开展退耕还林和生态林建设。进一步实施流域水土保持工程,全面减少水土流失。积极建立纵向、横向的生态补偿机制,争取财政生态转移支付的政策倾斜,促进流域生态保护措施落地,提升流域绿色发展空间。以干净整洁为抓手,深入推进乡风文明建设,构建全民共识的环保理念和绿色生活意识,促进流域生态文明建设示范区的整体推进,建设生态河、美景河。

(二)生态兴业,打造流域协同一体化发展示范区

1. 培育生态工业集群,打造国家级高新技术产业区

以"产业经济生态化,生态经济产业化"为理念,提升改造传统产业,聚力培育新兴产业。突出流域"全产业链"协同布局,提高产业协作、链条融合和科技创新能力,联动发展生态工业,以"一区三组团"(国家级高新技术产业区,长寿区、垫江县、梁平区三个组团)模式,建设高新技术产业区。按照国家级高新技术产业区的规划要求,优化空间布局、加快经济结构调整和产业优化升级。加快智力引进,营造开放创新环境,充分吸收和借鉴先进科技资源、资金和管理手段,探索和实施协调一致的优惠政策和各项改革措施,最大限度地把科技成果转化为现实生产力。

2. 建设生态农业产业带,打造国家级现代农业示范区

加快农业规模化、集约化、品牌化发展,将全流域打造成国家级现代农业示范区。一是高效发展生态循环农业。加快建设一批高标准基本农田和标准化农产品生产基地,引导农产品就地加工;"全链条"完善粮油、蔬菜、林果、水产、药材等农业体系,形成农业生产高效、农村经济发展、资源合理利用、农业废弃物综合利用为一体的新型生态循环农业。依托电子商务和"互联网+",着力将地方特色农产品做成"大产业"。二是加快农旅融合发展。以发展

大生态农业为目标,推进农业与生态、文化、旅游等有机融合,拓展、提升农业价值,在龙溪河流域内划定20公里到30公里不等的贯穿全流域的带状区域,通过生态作物种植,突出创意创新,打造现代农业示范区、精品农业体验区、休闲农业观光区,丰富美景河的内涵。

3.文化旅游同城设计,打造山水文化旅游带

一是深度挖掘长寿文化、牡丹文化、竹禅文化、非遗文化等本土特色文化,实现文化的厚植和融合发展,构建"文化＋旅游"、"文化＋产业＋旅游"、文化厚植城镇内涵等文化多元发展体系。二是以流域旅游一体化联动发展为导向,围绕河湖游、山水游、花卉游、文化游、乡村游等特色主题,努力将菩提山、长寿湖、牡丹园、百里竹海、双桂堂等打造成5A级旅游景区,在百里竹海、双桂堂等地规划建设大型主题公园。三是创新生态观光、休闲度假、康体养老、乡村旅游、文化体验等业态,推出"长寿湖—牡丹园—百里竹海—双桂堂"等周末游、多日游精品旅游路线。加快龙溪河旅游环道、沿线观光步道、休闲驿站、体验式风情园等项目建设,将休闲旅游向美景河、生态河纵深推进。

(三)宜居立城,打造龙溪河流域绿色城镇带

1.建设绿色生态城镇

一是充分考虑龙溪河流域生态环境承载能力,有效管控城镇空间。坚持绿色生态,按照"适度、生态"的原则和"控制数量、提高质量、节约用地、体现特色"的要求,编制龙溪河流域城镇发展规划。二是加快三区县城区建设提档升级。综合考虑生态保护、产

业布局、城市开发等因素，完善城市综合服务功能，增强城市组织功能和辐射带动功能，积极推进海绵城市建设，将长寿区、垫江县、梁平区中心城区建成现代化的生态精品城市。三是建设生态宜居城镇。坚持发展一批、控制一批、淡化一批的原则，加大对区域内中心镇和重点镇的扶持力度，发展一批人口适度、产业集聚、功能完善、人民富裕、环境优美、社会和谐的特色城镇。

2. 加快交通设施互联互通

按照"城市联通、景区畅通"的思路，推进交通设施互联互通建设，联通城镇带。加快辖区内G243、G318国道改扩建，以及跨区"断头路"和龙溪河沿线休闲步道及环线旅游公路等工程项目建设，加快"长垫梁开（开州）"货运铁路、梁开高速、梁万快速通道等重大交通设施建设，谋划城际铁路和快速通道。

（四）创建机制，统筹推进，协同作为

1. 建立协调机制

建立由市领导牵头、市级相关部门和三区县党委政府参与的专门议事协调机构和三区县联席会议，研究制定协调推进制度和政策，研究落实重大事项，沟通协商重要事项，定期交流对接合作事宜。

2. 编制总体规划

组织专家就龙溪河流域协同一体化发展开展可行性研究论证，统筹制定经济社会发展规划、产业发展规划、城乡总体规划、土地利用总体规划以及人口环境保护规划；高起点、高标准、高质量编制"多规合一"的龙溪河流域协同一体化总体规划。

宜昌市绿色低碳循环发展产业体系建设研究

(中共宜昌市委党校 陈卓)

建立绿色低碳循环发展产业体系是国家"十三五"规划的重要内容,是未来产业发展的基本方向,也是推进我国生态文明建设的关键环节。党的十八大以来,绿色低碳循环经济发展模式已成为产业发展的新模式。十八届五中全会进一步明确提出:"促进人与自然和谐共生,构建科学合理的城市化格局、农业发展格局、生态安全格局、自然岸线格局,推动建立绿色低碳循环发展产业体系。"2017年5月,国家发展和改革委员会等14个部委联合印发了《循环发展引领行动》,提出到2020年,绿色循环低碳产业体系初步形成,循环型生产方式得到全面推行。

宜昌市正处于全面深化改革、加快建设长江中上游区域性中心城市的关键时期,建立绿色低碳循环发展产业体系是宜昌市走可持续发展道路、建设生态文明的必然选择。大力发展绿色低碳循环经济,加快经济结构调整和发展方式转变,对促进绿色发展、建设美丽宜昌有着重要意义。

一、宜昌市产业体系发展现状

(一)经济发展稳中有进,产业结构不断优化

2016年,宜昌市实现生产总值3709.36亿元,比2015年增长8.8%(数据来源:《宜昌市2016年国民经济和社会发展统计公报》)。分产业看,第一产业增加值398.89亿元,增长3.9%;第二产业增加值2122.74亿元,增长8.8%;第三产业增加值1187.73亿元,增长10.4%。三大产业结构不断优化,三大产业结构比由2015年的10.9∶58.7∶30.4调整为10.8∶57.2∶32.0,其中第三产业占比较2015年提高1.6个百分点,第三产业对于经济增长的贡献率越来越大,对于经济发展的推动作用也愈加明显。

(二)贯彻落实绿色发展,节能工作卓有成效

宜昌市始终积极贯彻落实绿色发展理念,把节能作为转变发展方式、经济提质增效、建设生态文明的重要抓手,严格执行能源消费总量和强度"双控"目标,通过落实目标责任、优化产业结构、实施重点工程、加强节能管理、推动技术进步、强化政策激励、开展全民行动等措施,节能工作成效卓著,超额完成中共湖北省委、湖北省人民政府下达的节能目标任务。2016年,宜昌市单位生产总值能耗为0.5946吨标准煤/万元,比2015年下降7.17%(湖北省

下达的目标为3.6%);能源消费总量为2189.01万吨标准煤,比2015年增加21.19万吨标准煤(湖北省下达的能耗增量目标为65万吨标准煤),增长0.97%;规模以上工业增加值能耗同比下降11.88%,万元地区生产总值电耗同比下降5.05%。六大高耗能行业在全市工业中的比重逐步降低,完成产值占比为40.5%,比2015年下降0.6个百分点。

(三)推进供给侧结构性改革,产业发展转型升级

2016年,宜昌市牢固树立绿色发展理念,推进供给侧结构性改革,坚持走生态优先、绿色发展之路,在去产能、促转型方面下功夫、抓机遇、见成效。2016年,宜昌市共化解煤炭行业过剩产能421万吨,全面超额完成湖北省下达的年度目标,并提前两年完成湖北省下达的三年化解过剩产能369万吨的总任务。大力淘汰落后产能,年度淘汰落后产能目标涉及的5个行业18家企业已全部完成。开展沿江化工及造纸企业专项集中整治行动,对全市沿江沿河108家化工及造纸企业逐个甄别,提出处理意见,并督促落实整治,积极推进宜昌田田化工有限责任公司停产搬迁、入园改造。大力强化项目建设,实施266个重点技术改造项目,完成投资同比增长18%,249个亿元以上重点工业项目完成投资,同比增长20%。抢抓"中国制造2025"机遇,组织稻花香集团等5家企业启动国家"两化融合"贯标试点,长江电力通过国家"两化融合"贯标认证,安琪酵母被评为国家级"两化"深度融合示范企业。争取华

强科技获国家智能制造新模式应用类项目资金支持,培育三宁化工成为国家技术创新示范企业,黑旋风锯业成为2015年工业品牌培育示范企业,安琪酵母成为2015年工业企业知识产权运用标杆。新动能成长步伐加快。2016年全市先进装备制造、新材料、生物医药等战略性新兴产业产值同比分别增长15.9%、18.8%和16.2%,高于全市规模以上工业增加值平均水平,占全市工业总量的35.3%;高新技术企业达到320家,比2015年增加47家;高新技术制造业产值426.5亿元,同比增长20.1%(数据来源:《宜昌市2016年国民经济和社会发展统计公报》)。

(四)高度重视高位推进,为绿色低碳循环经济提供支撑

中共宜昌市委、宜昌市政府高度重视绿色低碳循环经济的发展,通过制度保障、政策支持等方式,为绿色低碳循环经济发展营造了良好的发展环境,宜昌市委、市政府先后出台了《关于加快建设国家新能源示范城市的意见》《宜昌市2015年节能减排低碳发展主要工作任务分解方案》《关于进一步加大产业政策扶持的指导意见》《宜昌市2016年实施供给侧结构性改革推进"三去一降一补"工作方案》《宜昌市打造千亿清洁能源产业实施方案》《宜昌市生态建设与环境保护"十三五"专项规划》等文件,积极鼓励发展循环经济,发展壮大战略性新兴产业,推广低碳技术,支持清洁循环生产,为推进绿色低碳循环经济提供了有效的政策支持。

二、宜昌市建立绿色低碳循环产业体系面临的问题

（一）产业结构不合理，第三产业主导地位未显现

2014年，宜昌市委、市政府为实现世界水电名城目标，决定实施"三产兴城"重大战略决策，其关键在于加快第三产业的发展。决策的实施促进了宜昌市第三产业快速发展，总体规模不断扩大，成为推动经济快速发展的重要动力。如前所述，2016年，宜昌市第三产业比重达到32%，较2015年的30.4%有所提升。但与湖北省总体水平相比，还有一定差距。2016年湖北省三大产业结构比为10.8∶44.5∶44.7，第三产业比重已经超过第二产业，成为推动经济发展的主导产业。但宜昌市产业结构中，第一产业内部仍偏重于传统农业，农产品深加工、产业化不足，附加值偏低，现代农业体系还处于初级阶段；第二产业整体科技水平偏低，缺乏核心竞争力，资源型能源原材料产业比重偏大，部分产业产能过剩；第三产业总体发展水平偏低，内部结构不合理，目前仍以批发、零售、餐饮、交通运输、邮电通信等传统行业为主，新兴行业发展较慢。

（二）能源消费总量、消费强度"双高"现状难以扭转

目前，宜昌市正处在工业化中后期发展阶段，第二产业仍是经济发展的主导产业。同时，第二产业在能源消耗上也一直处于主导地位，对能源需求大，因此在经济结构未完全改善的情况下，能

源消费总量、消费强度"双高"现状在短时间内难以扭转。2016年1—10月,宜昌市六大高耗能行业能源消费总量为876.96万吨标准煤,总量同比下降3.64%,拉动规模工业能耗下降3.3个百分点,虽然总量上有所下降,但占规模工业能源消费总量的90.52%。同时,清洁能源利用率偏低,新能源发展不足,传统的高碳产业结构给节能减排带来压力,是宜昌市建立绿色低碳循环发展体系面临的重大难题。

(三)绿色循环低碳经济发展成本较高

与高碳经济相比,新兴的绿色低碳循环经济前期发展成本相对较高,前期投入成本成倍增加。同时,由于受经济下行压力加大的影响,很多企业尤其是中小企业经营状况欠佳,利润大幅缩减,只能勉强维持正常经营,很难再投入大量的资金和资源来推动绿色低碳循环的生产方式的发展。由于新兴的绿色、低碳、循环技术在研发阶段投入大、周期长,企业很难在短时间内获得收益,因此在面临应急和谋远的两难选择下,企业往往会选择传统的高碳生产模式所带来的短期利益。绿色低碳循环经济发展成本较高是宜昌市建立绿色低碳循环产业体系过程中面临的又一现实问题。

(四)政策措施还未健全

建立绿色低碳循环发展产业体系是一项系统工程,需要政策、资金、人才、法律法规等多方面提供强有力的支撑。宜昌市在建立绿色低碳循环产业体系的过程中,因为相关的政策措施还未健全,受到了政策、人才、考核等方面的制约。一是产业政策方面,虽然出台了一系列关于产业转型、生态环境、节能减排的政策文件,但是缺少统领性的关于绿色低碳循环产业体系建立的指导意见、工作方案和具体措施等,导致相关政策相互衔接和协调不够。而且相关产业政策多为政府干预手段,市场机制的应用较少。二是技能型、技术型人才较为缺乏,人才多集中于经济发达的地区,宜昌市对国内、国际高端技术人才的吸引力不足。尤其是农村地区,劳动力文化程度普遍偏低,且大量青壮年劳动力外出打工,农村留守人员大多为老人和小孩,新兴技术和产业难以推广。三是资金方面,宜昌市在环境保护、高新技术、设备研发、低碳产业等方面与发达地区相比资金投入明显不足。四是绩效考核方面,有部分地方党政干部的绩效考核观还未扭转,对资源能源消耗、污染物排放、生态环境等指标未引起足够的重视。

三、宜昌市推进绿色低碳循环产业体系建设的对策

(一)调整产业结构,构建现代产业体系

促进产业结构调整、优化升级既是当前经济工作的重中之重,也是事关发展大局的长远之策。宜昌市只有全面落实五大发展理念,坚决落实长江经济带"共抓大保护,不搞大开发"的重要精神,从基本市情和实际出发,不断调整优化产业结构,才能加快形成有利于生态文明建设的现代产业体系。

坚持产业发展与环境保护同步进行,经济效益与生态效益共

同提升,进一步优化产业布局,调整三次产业结构,着力提高节能环保、新能源、绿色生态农业等绿色产业在国民经济中的比重,加快科技进步,推动产业发展由要素驱动向创新驱动、由粗放高耗外延向集约绿色低碳转变,加快形成节约资源和保护环境的产业结构。

一是进一步完善现代农业体系,着力推广生态循环农业发展模式。2017年7月,宜昌市启动生态循环农业示范点创建活动,重点抓好四大工程建设,即沼气沼肥生产工程、沼渣沼液利用工程、秸秆综合利用工程、运营服务工程。形成种养循环利用系统,发展绿色有机农业,建立"资源节约、循环利用、绿色生产、环境友好"的生态循环农业发展模式,做到可复制、可推广、见效益,发挥示范引领作用,带动农村能源建设持续健康发展。

二是进一步优化第二产业布局,重点推进化工产业转型升级。积极发展新技术、新产业、新业态、新模式"四新"经济,加快新旧动能转换,推动产业向中高端水平迈进;加快发展新材料、生物医药、节能环保与新能源等新兴产业;促进传统第二产业与现代服务业深度融合,加快发展介于第二产业和第三产业之间的"2.5产业";重点推进化工产业转型升级,实施"关、停、并、转、搬"计划,对散、乱、差和低水平的化工企业进行规范、整治,通过小微企业关、达标企业搬、优势企业转三大措施,彻底扭转化工企业"村村点火、处处冒烟"的现状,率先开启磷石膏渣场治理新模式,探索化工产业园区循环化改造,推动化工产业向精细化、绿色化转型。

三是进一步加快服务业转型发展,充分发挥现代服务业引导作用。经济发展规律表明,随着经济发展水平不断提高,服务业的比重将逐步上升,并在工业化中后期阶段逐步超过第二产业成为主导产业。积极发展生产性服务业、新兴服务业、科技服务业,建立现代服务业体系,提升服务业对经济发展的贡献度,形成以第三产业为主导的经济结构,满足经济实现跨越发展的需要。

(二)优化能源结构,推进能源利用结构向绿色化、低碳化、循环化转型

一是推进能源供给侧改革,大力开发利用太阳能、水能、地热能等绿色新能源和可再生能源。二是大力发展循环经济,提高能源综合利用效率。目前,兴发集团的副产氢气用于宜化集团生产合成氨,宜化集团副产氯气用于南玻集团生产单晶硅,磷化工企业的固废磷石膏用于生产新型建材……这样的探索还需要更多。三是努力完善节能减排管理与监控的机制,严格落实资源环境生态红线保护制度。积极实行能源和水资源消耗、建设用地等总量和强度双控行动,推动能耗、地耗、水耗强度持续下降,建立节能减排目标责任机制,创新市场污染排放交易机制,开展低碳产品认证,不断强化企业和社会碳排放的意识和责任。

(三)强化科技创新支持,降低企业绿色低碳循环经济发展成本

一是确定绿色低碳循环经济技术创新重点领域。重点建立由清洁能源和可再生能源生产技术、新能源装备加工制造技术、建筑节能技术、绿色交通装备技术等组成的多元化低碳技术体系,提高

企业生产经营质量和效益。二是强化对技术创新的资金支持。建立技术创新财政奖励机制，探索建立技术创新引导资金和风投基金，引导企业加大技术研发投入，降低企业低碳发展成本，缓解企业发展绿色低碳循环经济的资金压力。三是加强产学研合作。与高校、科研院所建立技术研发基地、孵化基地，整合区域科技创新资源，缩短技术创新周期，加速推进宜昌市绿色低碳循环经济的发展。

（四）建立健全政策机制，为建立绿色低碳循环发展产业体系保驾护航

根据国家绿色低碳循环经济产业政策要求，结合宜昌市发展实际，充分发挥好政策、税收、财政补贴等手段对产业发展的引导和扶持作用，进一步完善绿色低碳循环经济发展政策、技术创新政策、市场推广政策等，为建立绿色低碳循环发展产业体系提供保障。一是以绿色、低碳、循环为导向，制定有利于绿色低碳循环发展的法规，在项目审批、市场准入、财政补贴等方面给予绿色低碳循环产业一定的倾斜，并通过地方立法限制高污染产业的发展。二是发挥市场的力量，摒弃过去"唯GDP论英雄"的观念，树立绿色GDP意识，并将生态环境指标纳入绩效考核范围内，促进政府通过采购环境服务，加强环境综合治理。三是加大高新技术人才的引进和培育，继续实施"全民创业工程""宜昌英才工程"和"海智计划"，打造宜昌智库，为宜昌经济发展强化人才保障。

生态水城：常德践行绿色发展理念的路径选择

(中共常德市委党校　冯秀萍)

党的十九大报告提出："必须树立和践行绿水青山就是金山银山的理念，……形成绿色发展方式和生活方式，坚定走生产发展、生活富裕、生态良好的文明发展道路"。理念是行动的先导，发展理念是发展思路、发展方向、发展着力点的集中体现。过去的几年里，常德市在绿色发展理念的引领下，立足得天独厚的"水城"优势，在绿色发展道路上进行了一些有益的探索。

一、绿色发展理念的科学内涵

2013年，习近平在哈萨克斯坦纳扎尔巴耶夫大学回答学生提问时明确指出："我们既要绿水青山，也要金山银山。宁要绿水青山，不要金山银山，而且绿水青山就是金山银山"。"两山"的重要论断形象阐释了绿色发展的内涵，蕴含了极其丰富而深刻的理论和实践逻辑。

（一）"既要绿水青山，也要金山银山"的思维转变

长期以来，经济发展模式与自然资源、生态环境之间存在着发展悖论，生态、经济、社会可持续发展一直是人们追求的目标。美国经济学家库兹涅茨提出了"环境库兹涅茨曲线"：当经济发展水平较低时，环境污染程度较轻，但是随着经济的增长，环境污染由低趋高；当经济发展达到一定临界点后，环境污染又由高趋低，环境质量逐渐得到改善。习近平指出，要正确处理好经济发展同生态环境保护的关系，牢固树立保护生态环境就是保护生产力、改善生态环境就是发展生产力的理念。这清楚地表明，绿色发展是一次全方位的变革，突出强调要把握好发展的拐点，实现从"用绿水青山换金山银山"向"既要绿水青山也要金山银山"的思维转变。

（二）"宁要绿水青山，不要金山银山"的实践担当

人类社会发展历程表明，一味索取资源，用绿水青山换金山银山的生产生活方式必然引发生态危机，美索不达米亚、希腊、小亚细亚等灿烂文明消亡的过程、世界八大公害事件的出现充分印证了这一点。习近平多次强调，要清醒认识保护生态环境、治理环境污染的紧迫性和艰巨性，清醒认识加强生态文明建设的重要性和必要性。"环境就是民生，青山就是美丽，蓝天也是幸福。要像保护眼睛一样保护生态环境，像对待生命一样对待生态环境。""对于那些破坏生态环境的行为，绝不能手软，不能搞下不为例，要防止形成破窗效应。"换言之，一旦现实中"金山银山"与"绿水青山"发生冲突矛盾时，必须毫不犹豫地把"绿水青山"放在首位，要有"宁

要绿水青山,不要金山银山"的实践担当。

(三)"绿水青山就是金山银山"的发展自信

2005年8月,习近平在浙江安吉县余村考察时曾指出,"如果能够把这些生态环境优势转化为生态农业、生态工业、生态旅游等生态经济的优势,那么绿水青山也就变成了金山银山。"2006年3月,他在中国人民大学演讲时再一次强调,要"认识到绿水青山可以源源不断地带来金山银山,绿水青山本身就是金山银山,我们种的常青树就是摇钱树,生态优势变成经济优势"。正是在这一思路的指引下,余村关停了矿山、水泥厂等高污染企业,大力发展生态旅游经济,十年的时间里,不仅生态环境得到了根本改善,经济水平也大幅提升,村民人均纯收入翻了近五倍,达到经济发展与环境保护"双赢",用行动践行了"绿水青山就是金山银山"的发展自信,也给各地走好绿色发展道路做出了鲜活的表率。

二、绿色发展理念的常德实践

"绿水青山和金山银山绝不是对立的,关键在人,关键在思路"。不同的地区有着不同的资源条件、不同的经济社会发展水平、不同的文化和地域特色,在贯彻落实绿色发展理念方面也有着不同的路径选择。常德市是"水城",湖南四水中沅、澧两条水系贯穿全境,城市水域面积达到20%。从2013年开始,常德市立足实际,对高速公路环线内500平方公里的水域展开整体规划和系统改造,在绿色发展方面做出了有益的探索。

(一)铁腕护水:"宁要绿水青山,不要金山银山"

2008年,常德市环保局曾经对全市水污染情况展开了全面调研。结果显示,污染主要来源于工业污染、养殖污染、农业面源污染和生活污染四大类,水污染问题非常严重。以工业污染为例,作为最大的水污染源,常德市有200多家工业企业任意排放废污水,在15个城市饮用水源地,有大大小小工业污染源69个,仅仅2007年,工业废水排放量达到1.25亿吨。[1]面对严峻的治水形势,常德市铁腕护水,坚决不以牺牲环境为代价推动经济增长,采取了一系列措施保护水生态环境。

1. 以水系改造为契机,大力实施护水工程

2013年7月,常德市启动了"三改四化"工程,明确提出"一关、二禁、三治、四保、五改"的水改基本方法,即"要用壮士断腕的气魄关停水系改造范围内破坏生态环境的企业和矿山,禁止投肥养鱼,开展水生态系统修复治理,对河流、湖泊、湿地要挂牌保护到位,通过系统改造,使水系成为城市最亮丽的一道风景"。按照水改方法,常德市实施了雨污分流系统、截污清淤、防洪排渍、水生态环境治理、江河湖连通、旧城更新与沿岸景观建设、滨水交通及慢行系统、城市供水一体化八大工程建设,实现了水景观、防洪、治污三位一体的目标,水系改造取得明显成效。

2. 以产业转型为抓手,坚决淘汰污染企业

2013年以来,常德市坚持产业转型升级,坚决关停高污染企

业,在保护水生态环境的同时,倒逼全市产业升级。2015年,水系改造范围内的造纸企业从72家减少到34家,纺织印染企业从70家减少到19家,苎麻脱胶企业从13家减少到6家,同时关闭了35家粉煤厂、20家黏土砖瓦厂、40家小水泥厂。[2]

3. 以制度建设为保障,加快起草地方性法规

2016年,常德市启动《常德市饮用水水源环境保护条例》和《常德市城市河湖环境保护条例》两个地方性法规的起草工作,其中《常德市饮用水水源环境保护条例》既是常德市制定的首部地方性法规,也是湖南省针对饮用水水源环境保护的第一部地方性法规,从制度上为水污染治理和水资源保护提供切实保障。

(二)生态治水:"既要绿水青山,也要金山银山"

根据统计,常德市年均降雨量高达1360毫米,远远高于全国628毫米的平均水平。河流多、雨水充沛、流量大,特殊的地理位置和气候条件,使得常德市洪涝灾害频繁。与此同时,水污染带来的水质性缺水、季节性缺水问题非常突出。2015年常德市入选全国首批海绵城市建设试点城市之一,通过海绵城市建设,水生态环境进一步提升。

1. 治理水污染,缓解水短缺

海绵城市建设的重要手段是通过保留和规划更多的湿地、湖泊,打造下沉式绿地、生态草沟、透水铺装等,减少地表径流,增加就地下渗,从而有效改善水环境,及时补给地下水。以常德市海绵城市建设两大样板项目,即护城河、穿紫河流域综合治理开发项目

为例，3.2平方公里片区内充分发挥绿地、道路、水系等对雨水的吸纳、蓄渗和缓释作用，不仅实现了雨水回收利用，而且主水体水质全面稳定并达到四类，成为全国首批海绵城市建设优秀案例之一。

2. 维护水安全，降低洪涝风险

海绵城市通过保留和规划湿地、湖泊等容水空间以及建设下沉式绿地等就地下渗系统，减少和减慢雨水汇集，从而对传统排水系统形成一种减负和补充，极大地减轻城市防洪排涝的压力。据统计，2016年7月1日，常德市城区连续遭受24小时强暴雨袭击，单日降雨量居历史第五。截至7月2日14时，常德市城区降雨量多达177毫米，是2011年以来最大值，已大大超过城区降水120毫米至150毫米日排干的设计能力。尽管如此，在这样大的强降雨条件下，常德市城内海绵城市建设已建项目及在建项目所在区域均未发生内涝。

3. 推动形成生态产业链

2015年，常德市在全国范围内率先编制了《常德市海绵城市建设总体规划2015—2030年》，计划三年试点期间，建设海绵城市项目148个，总投资78.2亿元，示范区面积36.1平方公里。海绵城市建设不是简单的传统的土建领域，它涉及技术、材料、工程、仪器、管理以及居民生活等多个领域，对常德市生态产业和生态经济产生了很好的投资拉动效应。

（三）产业活水："绿水青山就是金山银山"

立足优美的水生态环境，常德市打造了一批以水为主题的休闲旅游项目,第三产业对经济增长的贡献率显著提升。

1. 休闲旅游项目层见叠出

环柳叶湖,有欢乐水世界、千亩缤纷花海、超级摩天轮、高品质内陆淡水沙滩公园"柳湖沙月"、白鹤山旅游小镇、"柳叶诗韵"文化墙、螺湾观鸟湿地公园、园博园、常德卡乐世界、大唐司马城旅游文化综合体,以及国际马拉松、自行车赛道,具有国际一流水准的水上赛场等;穿紫河边,有大小河街、麻阳街、德国风情街、婚庆产业园、金银街等;护城河畔,老西门文化旅游街区已经成为一个具有深远历史意义和社会价值的城市空间。

2. 产业关联效应充分发挥

以水为主题的休闲旅游产业有力带动了相关产业的发展。以欢乐水世界为例,2015年6月,常德欢乐水世界项目落成开园,在开园后短短3个月的营业时间里,一共接待游客75万人次,创造了全市旅游项目门票收入过亿元的纪录,远远超过省内其他水公园。根据市场调查,欢乐水世界项目直接带动常德市区的餐饮及住宿消费在10亿元以上,产生了很好的产业关联效应。在水上旅游产业的带动下,2016年常德市第三产业快速增长,第三产业增加值比重首次超过第二产业,对经济增长的贡献率达到57.7%,拉动地区生产总值增长4.6个百分点,成为经济增长的主引擎,全市产业结构实现了从"二三一"向"三二一"的转变。

3. 城市竞争力不断提升

随着城市宜居指数的不断提升,常德市对人才、资本、技术等生产要素的吸引力越来越大。根据腾讯大数据发布的《2016全国城市年轻指数报告》,2016年,常德市年轻人口新增率达到52%,在所有三线城市中排在第一位;净增率达到14.4%,在三线城市中排在第四位,反映出常德市对年轻人口的吸引力越来越大。同时,常德市也吸引了华侨城、万达、友阿、碧桂园等地产巨头,汉能集团、华电集团等高新技术企业落户常德市,常德市的城市竞争力越来越强。

三、绿色发展理念的深化路径

(一)以海绵城市建设为契机,保护水生态环境

海绵城市不仅仅是打造几个项目,必须统筹考虑整个城市水系的综合规划,系统疏通自然水系脉络。结合常德市实际,一方面要加大海绵型公园绿地、海绵型院落和海绵型道路建设,增强城市雨水调蓄和净化功能。另一方面,要完善城市排水管网、排涝泵站和排涝河道等基础设施,提升城市排水防涝和控污截污能力。此外,要连通渐河、花山河、沾天湖、柳叶湖等,构筑具备防洪功能的城市外环水系;连通新河、穿紫河、护城河等,构筑具备景观休闲功能的城市内环水系,实现外环与内环水系互通,城市水系良性循环。

(二)以文化元素挖掘为手段,彰显水文化

文化是软实力,把文化融入水资源开发当中,能够更好地展示水资源的魅力,对地方经济发展具有潜移默化的推动作用。常德市不仅水资源丰富,水文化底蕴也非常深厚,其中比较典型的有四类。一是神秘的上古文化。远古时期,与尧舜齐名的善卷先生曾居住在德山枉水西岸,留下了许多传奇故事。常德牛头港、洗耳

滩、三滴水、善卷钓台等也因此得名。二是浪漫的楚文化。常德市是湘楚文化的重要发源地之一,楚国三闾大夫屈原流放沅澧流域多年,处处留下了他活动的遗迹,有因此而得名的"三闾港""招屈亭"等。三是繁华的内河码头文化。常德河街是刘禹锡、杨嗣昌、沈从文、黄永玉等文化名人描绘的繁荣兴盛的大码头,被誉为烙印在常德的"清明上河图"。四是依水而兴的农耕文化。常德市是中国农业文明的重要发源地之一,澧县城头山发现了距今6500年的世界最早的水稻田和农田灌溉系统。彰显水文化,必须深度挖掘水文化元素,形成鲜明的文化特色,更好地展示常德市的水文化底蕴。

(三)以产业融合发展为指引,做活水经济

产业融合指的是不同产业或同一产业不同行业之间相互渗透、相互交叉,最终融合为一体,逐步形成新产业的动态发展过程。根据产业发展的相关理论,产业集群能够为产业融合提供空间支持、促进资源聚集;反过来,产业融合又能促进产业集群的发展和壮大,降低产业集群的交易成本,巩固和提升产业集群的综合竞争力。结合常德市实际,要立足已有的产业集群基础,进一步推动水上旅游核心产业与相关产业,支持产业融合发展。一方面,推动水游产业与农业融合,形成水生态观光农业、主题庄园、休闲渔业、休闲农场,打造水生态旅游特色小镇、美丽乡村;另一方面,推动水上旅游产业与新型工业融合,大力推动水上游乐设施、水上运动产品、旅游商品生产;同时,推动水上旅游产业与医疗养生、运动康体、娱乐、餐饮、旅游地产、会议会展、文化创意等第三产业融合发展,实现水经济从景点旅游向全域旅游发展,由传统观光向休闲度假转变,依托水生态优势进一步打造新的经济增长点。

四、对三峡生态经济合作区发展的启示

三峡地区水资源丰富,有着"三山护两库,两区守两湖"的总体格局,有三峡、丹江口等库区资源,以及嘉陵江、清江、汉江、丹江等大江大河资源,是南水北调中线工程的重要水源地。用好水生态优势,联手打造绿色发展引领区,是区域发展的重要思路。

一是大力推进海绵城市建设。海绵城市建设是一个系统工程,需要从区域和流域尺度上系统疏通水系脉络,因此各地应在已有海绵城市建设的基础上加强合作,实现水资源良性循环。

二是深入挖掘文化元素。三峡地区是多元文化交汇的熔炉,有着巴蜀、荆楚和中原等诸多重要地域文化,各地可以通过主题挖掘、项目合作,打造水生态人文走廊,凸显文化优势。

三是加快推动区域经济合作。各地具有跨区域合作的自然经济基础,应借助城市之间的联合,推动互补发展,形成发展合力。如联合打造生态产业链,锁定"绿色三峡"品牌,推出三峡生态产品和服务;依托丰富文化底蕴,打造水生态文化旅游经济圈等。

参考文献

[1] 姜美蓉.水污染,水质性缺水的真凶[N].常德晚报,2011-7-22(5).

[2] 常德市环保局.对市六届人大四次会议第137号建议的回复[Z].2015-6-14.

以绿色发展理念打造城口县生态养老产业

(中共城口县委党校　杨雪娇)

我国已处于老龄社会初期阶段,老龄服务的压力逐年加大,老龄服务的挑战影响广泛而深刻,传统的家庭养老已经难以适应,政府也不可能承担无限责任。就城口县而论,坚持绿色发展理念,积极推进养老服务市场化,势必成为城口县"十三五"时期应对日益突出的人口老龄化问题、全面建成小康社会和建设生态涵养发展区等问题的战略选择。

一、三大必然:打造城口县生态养老产业的重要价值

我国自20世纪70年代中后期实施计划生育以来,家庭单位趋于小型化,居家养老的弊端不断出现,老龄问题日趋尖锐。随着社会经济的发展,人们的收入大大提高,有经济条件选择健康积极的养老方式。同时,人们在经过几十年的忙碌工作后,对亲近自然、享受生活有了更多期待。"生态养老产业",即让老年人亲近生态环境,享受自然环境,集养老、旅游、休闲农业等产业融合发展的一种新型的养老产业发展模式。发展生态养老产业,有利于转变

发展方式、优化经济结构,有利于建设生态文明、强化生态屏障,有利于增加就业机会,有利于扩大对外交流。生态养老是社会文明进步的必然要求,是人类崇尚自然的迫切需要。

(一)全面建成小康社会的必然选择

城口县地处大巴山深处,交通不便,经济起步较晚,发展水平相对滞后。2015年地区生产总值为42.54亿元,在重庆市排名第38名;2016年地区生产总值为45.12亿元,在重庆市排名第37名。(数据来源:城口县人民政府2016年度、2017年度工作报告)城口县要在"十三五"时期,全面完成建成小康社会的任务,实现跨越发展,按照老套路、老招式是行不通的。因此,城口县委、县政府决定实施旅游强县战略,通过打造核心景区,发展乡村旅游、红色旅游,把旅游业作为县域经济社会发展的战略性支柱产业。但与其他区县相比,城口县的旅游产业起步较晚,竞争力相对不足。就发展山水休闲旅游而言,酉阳、武隆、万盛、长寿等区县早已走在前列;就发展人文旅游而言,大足、忠县、云阳、丰都等区县也早已声名鹊起。城口县旅游要异军突起,在众区县发展旅游的大潮中占据一席之地,必须走出一条不一样的发展之路。打造、发展生态养老产业,就是城口县利用自身优势,紧抓发展时机,实现全面建成小康社会的必然选择。

(二)应对老龄化社会的必然选择

据国家统计局数据显示,截至2016年底,我国60岁以上老年人已达2.3亿人,占总人口比例为16.7%,已经超过国际老龄化标准;预计到2020年,我国老龄化人口比例将达到17.8%;而到

2035年,我国将进入急速老龄化阶段,预计老年人口将达到4.18亿人,占比29%。

根据《2016年重庆市国民经济和社会发展统计公报》数据显示,截至2016年底,全市户籍60岁及以上的老年人口604.61万,占全市总人口的19.8%;65岁及以上老年人口381.97万,占全市总人口的12.5%。老龄化率排名全国第四。由此看来,重庆已正式进入"未富先老"的时代。而且新增老年人口中80%以上都是独生子女父母,这意味着一对夫妻要赡养四位老人、抚养一个或两个孩子,传统的家庭养老方式难以维系。而现有的养老服务机构床位数很少,有些地区的床位数甚至不足老年人口数量的1%,且养老服务设施相对落后,无法满足老年人的入住需求。因此,发展生态养老产业成为解决养老这一重大社会问题的重要抓手。

(三)绿色发展的必然选择

创新、协调、绿色、开放和共享,是党的十八届五中全会为"十三五"时期经济社会发展定调的五大理念。自"绿色化"概念在2015年3月24日召开的中央政治局会议上首次提出,到"绿色"理念纳入"十三五"发展规划中,绿色发展得到了前所未有的重视。对城口县而言,这是一场前所未有的机遇和挑战。在"九山半水半分田"的地理环境下,保护生态、发展经济,必须将绿色生产、绿色生活和绿色生态有机统一起来,通过发展生态养老产业,带动休闲旅游产业发展,最终才能使绿色发展的成果惠及全县、全市乃至全国人民。

二、五大优势:发展城口县生态养老产业的坚实基础

(一)优越的自然环境

城口县位于重庆东北部,地处渝川陕三省市交界处。大巴山作为城口县的天然屏障,阻挡了冬春季节寒流的南侵,形成了城口县独有的气候:温和湿润,四季常青,雨量充沛,南北气候兼而有之。年均气温为13.8℃,夏季平均气温为23.3℃,处于人体感觉舒适的气温范围内且接近于最佳温度。2013年城口县被中国气象学会授予全国目前唯一的"中国生态气候明珠"的称号;2015年被中国老年学会和老年医学学会评为"中国老年人宜居(宜游)县",是全国第六个获此殊荣的城市。2011年以来,城口县城空气质量优良天数占比达99%以上。主要景区负氧离子浓度可达15000~35000个/立方厘米,被称为天然氧吧。水环境质量优良,地表水水质和饮用水水质均达到Ⅰ类和Ⅱ类水质标准,部分山涧溪谷的优质水可达到直接饮用标准。城口县因其气候条件优越,空气、水环境质量优良,十分适合发展生态养老产业。

(二)富硒的农副产品

地处大巴山脉的城口县,生态资源丰富,被誉为"中国天然富硒农产品之乡"。农户自产的各类有机蔬菜,蜂蜜,以及杜仲、厚朴、黄柏、金银花等各类中药材,山间采摘的茶叶、核桃、板栗、野生岩耳、黑木耳、香菇、天麻、党参,生态放养的山地鸡、猪、牛、羊和以传统手法加工的城口老腊肉、香肠等农产品不仅天然富硒(最低硒

含量高于全国代表值),而且无公害、绿色、安全。

(三)优美的自然景观

城口县是重庆市的旅游资源大县,特殊的区域位置、丰富的生物资源、绝妙的自然景观、深厚的红色文化底蕴、良好的气候条件为城口县孕育了数量大、品位高、开发价值和开发潜力较大的旅游资源。近几年来,城口县以建成全市重要的生态旅游和红色旅游基地、西部旅游产业强县、中国优秀旅游城市和全国知名旅游目的地为发展目标,坚持"大项目、大投入、大营销"的旅游发展战略,不断加大旅游景区开发力度,切实加强旅游基础设施建设,全县旅游产业呈现出由点到面、不断提升、加快发展的良好态势。九重山国家森林公园、巴山湖国家湿地公园、中国亢谷风景区等景点在全市也有一定知名度。2016年接待游客234.39万人次,旅游总收入39029万元;2017年1～10月接待游客276.94万人次,旅游总收入51347万元。其中,老年游客是主要消费群体。

(四)优越的慢生活

随着城市的高速发展,嘈杂、拥堵的都市已经让人厌倦,特别是对于为了生活而打拼数十年的老年人,他们已不再满足于退休以后"提篮子、带孩子、绕着灶台子"的单调生活,也想根据自身的爱好,用各种方式享受生活,陶冶身心。城口县得天独厚的自然环境和宁静悠然的生活节奏为人们提供了一种典型的慢生活方式,为发展城口县生态养老产业奠定了坚实基础。

(五)独特的区位优势

城口县位于重庆市最北端,处于重庆市渝东北、三峡库区、大西北的交界处,是重庆和三峡库区连接陕南、川东、鄂西的交通要塞,是长江黄金水道连接大西北最便捷的区域。城口县东邻重庆巫溪县;南接重庆开县;北部分别与四川省万源市、宣汉县,陕西省紫阳县、平利县、镇坪县、岚皋县接壤。2016年,四川省60岁及以上老年人口共1739万,占总人口的21.1%;2016年陕西省60岁及以上老年人口共613.83万,占常住人口的16.1%。这些老年人口将是城口县发展生态养老产业的最大客户资源。

2013年城万快速通道的开通,让城口县融入渝新欧国际贸易大通道和全国铁路、公路交通网络,迎来了"4小时重庆、西安""5小时成都、武汉"的交通新时代。同时,"十三五"期间,开城岚(开县—城口县—岚皋)高速公路、安张衡(安康—张家界—衡阳)铁路、渝西(重庆—西安)城际铁路将从城口县穿境而过,通用航空项目即将落户城口县,届时城口县将形成"两高两铁一航空"的立体交通网络,便利的交通将为城口县带来生态养老产业的人气和活力。

三、六大路径:打造城口县生态养老产业的基本对策

城口县要通过打造生态养老产业,建设生态休闲养老园区引领全县经济发展,引领全市养老服务产业发展。在亢谷风景区或北屏太平、高楠方斗坪统筹规划建设大型生态休闲养老园区,通过出台优惠政策,对外招商引资,吸引独具特色、生态环保、带动力强的养老项目进入城口县,建成集"医、养、娱、游、购、乐、产、销"为一体的生态养老基地,使之成为服务全市,带动周边,具有较强竞争力、服务力、集聚力和辐射力的全市养老经济发展核心区。

(一)政府政策的支持

一是由政府统征土地。政府按公益用地统一规划土地,搞好三通一平,配齐基础设施,集中对外招商引资。二是积极做好项目申报。进入园区的养老服务产品,符合项目申报条件的,相关部门要积极参与项目包装,争取项目支持。三是完善融资政策。增加养老服务业项目信贷投入,适当放宽信贷条件,提供优惠利率,在必要情况下政府财政可以予以贴息补助。四是推进医养结合。鼓励医疗机构进入养老服务行业,对养老机构内设医院、门诊等服务的,经审批合格后,纳入城镇基本医疗保险和农村合作医疗定点范围,并适当放宽政策,灵活处理异地医保报销。五是落实税费优惠政策。对民办养老服务机构减免相关的营业税、所得税以及土地使用税和房产税等。对捐赠养老机构的企业,可以抵扣企业税收,各类养老机构实现与居民用电、用水、用气同价。六是政府补贴政策。各级政府财政每年单独列支资金,对民办养老机构给予一定的开办补助。

(二)各类资源的吸引

一是吸引聚集各方医疗资源,从事医疗康复、医疗护理、养生保健、辅助器械等研究、开发和经营,满足老年人的医养需求。二是吸引房地产企业开发建设养老服务社区、休闲养老公寓、安居养老公寓等多种形式、不同档次的养老机构,通过吸收老年人入住或向老年人租用、购置、合作开发、无限期使用等灵活的经营方式,满足旅游式养老、候鸟式养老、居家式养老等多种养老服务需求。三是吸引文化创意产业,定期组织开展山歌、花鼓、狮子舞、钱棍舞、彩船舞等演出活动,传播城口县优秀传统文化。组织开展老年人喜闻乐见、参与性强的秧歌、舞蹈、太极拳等学习交流活动。创造性地开展适合老年人的体育比赛活动,让老年人享受到多种形式的文化娱乐。

(三)基础工作的夯实

一是通过山、水等自然资源美化改造,建成各种人文景观、生态景观、农业景观供老年人游览观赏。二是发展或引进富硒食用菌、药材保健生产经营商家,从事食用保健产品开发、生产和销售,满足老年人个人购买或赠送亲朋好友的消费需求。三是开发农业体验、水上垂钓、瓜果蔬菜采摘等项目,供老年人体验玩乐。四是秉承"以人为本、服务至诚"的行业核心价值观,为老年人提供舒适周到的服务。

(四)生产基地的建设

一是充分利用城口县富硒资源、中药材、野生食用菌、核桃等资源丰富的优势,积极研发、生产医药食品保健产品,形成拳头保健产业,叫响城口县保健品牌,在重庆市、全国形成一定影响力。二是依托城口县林业及劳动力优势,开发轮椅、拐杖等辅助康复用具的生产,满足市场需求。三是通过打造养老产品生产基地,完善营销手段,形成固定销售渠道,实现一定的产值和经济效益,使养老经济成为城口县新的经济增长点。

(五)重点城市的合作

生态养老产业的策划、培育和发展,必须遵循"大市场、大开放、大产业"的发展方针,积极寻求探索与重点城市的合作,联合共生,做精做强。例如,可利用城口县夏季气温宜人这一气候优势,与海南生态养老产业达成合作,互补优势,形成"城口消夏——海南暖冬"的候鸟型生态养老品牌,共同争取老年客户的支持。

(六)宣传营销的推进

通过打造养老产品生产基地,完善营销手段,形成固定销售渠道,针对老年人及其子孙,充分利用报纸、广播、电视、微博、微信等渠道宣传推广生态养老。用体验式营销(免费或低费邀请老人入住体验)、大客户渠道(与地方政府机关老干部局建立关系,组织老干部参观项目,以争取客户)、"互联网+"养老营销(与养老网站合作,形成线上线下一体化的养老服务)等方式进行推广、宣传和营销,增强城口县养老产业的品牌影响力。

生态篇

宜昌市绿色发展的路径研究

——基于长江经济带共抓大保护，不搞大开发的时代背景

（中共宜昌市委党校　秦良芳）

根据习近平新时代中国特色社会主义思想，按照中共中央、国务院的部署和中共湖北省委、省人民政府的要求，宜昌市强力推进绿色发展，努力促进转型跨越，正在开拓生产发展、生活富裕、生态良好的文明发展道路。宜昌市的绿色发展之路，是在长江经济带"共抓大保护，不搞大开发"的时代背景下展开的，是对既往经验的概括，对现实问题的解答，对未来发展的谋划。

一、宜昌市实现绿色发展的主要亮点

（一）编制规划，保障绿色发展

1. 编制环境总体规划和专项规划

2013年1月，《宜昌市环境总体规划（2013—2030年）》编制工作全面启动；2015年1月，《宜昌市环境总体规划》审议通过并颁布

实施,宜昌成为国内首个由市级人大常委会审议通过环境总体规划的城市。在专项规划方面,宜昌市于2015年出台了《宜昌市中心城区生态景观规划(2014—2030年)》,2016年审议通过了《宜昌市城市绿地系统规划(2014—2030年)》,2017年发布了《宜昌市生态建设与环境保护"十三五"专项规划》。通过环境保护总体规划和专项规划的编制,宜昌市厘清了生态建设与环境保护的思路,为科学、合理、有效地谋划绿色发展提供了清晰的顶层设计。

2. 制定保护条例,依法保障绿色发展

2016年9月28日,宜昌市人大常委会第三十五次会议通过了《宜昌市城区重点绿地保护条例》,这是宜昌市实体性地方性法规的开山之作,切实做到了用法律保护环境。2017年9月18日,宜昌市第六届人大常委会第五次会议表决通过了《宜昌市黄柏河流域保护条例》。这一保护条例的制定,对保障黄柏河流域水生态安全,实现水资源的可持续利用,对"河长制"的深入推行,具有重要的现实意义。

3. 实行"河长制",破"九龙治水"

从2015年起,实行以地方行政首长负责制为核心的"河长制",有效破解了过去"九龙治水水不治"的局面。为此,宜昌市出台了《关于全面实行"河长制"加强河流生态保护的意见》,明确了指导思想、工作目标、"河长"设置、工作任务和保障措施;印发《宜昌市河长制管理河流及湖泊名录》,将所有河流和湖泊纳入河长制管理;2017年5月,宜昌市委办公室、市政府办公室联合印发《关于全面推行河湖长制的实施方案》,建立以党政领导负责制为核心的市、县、乡、村四级河湖长制责任体系,计划覆盖全市流域面积30平方公里及以上的河流和列入湖北省保护名录的湖泊。截至2017

年8月,共落实市级河长16名,县级河长194名,乡镇河长493名,村级河长1278名,覆盖河流183条、湖泊11个。

(二)着力推进工业绿色转型

1. 着力深化供给侧结构性改革

宜昌市深入推进供给侧结构性改革,着力做好"三去一降一补"工作。2016年先后出台政策性文件34个,其中去产能文件10个,去库存文件6个,去杠杆文件4个,降成本文件9个,补短板文件5个。2017年全市持续推进供给侧结构性改革,努力降低企业税费负担、融资成本、电力价格和企业制度性交易成本,引导企业去产能、去库存,并积极推动传统工业改造升级和战略性新兴产业突破性发展,培育经济增长新动力。

2. 着力促进经济稳定运行

一是加强电力协调服务,大力推进电力直接交易和电力报装提速,降低能源成本,提高交易量。二是大力支持天然气、蒸汽供需双方通过协商定价,推动建立煤热价格联动机制,稳定企业生产,达到互利共赢。三是及时收集企业生产经营中的重大困难,努力推进问题的协调解决,支持企业发展。市委、市政府从全局出发,加强对9个重点集群、7个重点产业、30家重点企业、50个重点产品和80个重点项目进行跟踪监测和综合调度,最大力度帮助企业解决突出的现实问题,确保经济稳定运行。

3. 着力强化工业项目建设

宜昌市抓住发展的历史机遇,围绕企业转型升级和培育战略性新兴产业,"高位推动""高位协调""高位督办",大力支持项目建设。产业方面,加快海航通航产业园、广汽乘用车宜昌项目、兰台科技园、三宁化工己内酰胺二期等项目建设;城建方面,重点推进伍家岗长江大桥、西陵二路等项目建设;交通方面,开工建设了点军联棚至长阳龙舟坪等7条一级公路、香溪长江大桥、白洋长江大桥等;生态方面,积极建设点军第二污水处理厂,完成沙河污水处理厂、临江溪污水处理厂、点军第一污水处理厂的扩容提标工程,开工建设、改造提升一批城市公园。

(三)开展生态治理"宜昌试验"

1. 区域治理:区域合作和"6＋N"试点

在三峡生态经济合作区内,宜昌率先建立起香溪河流域与神农架林区,沮漳河流域与荆州、荆门两市,清江流域与恩施土家族苗族自治州的联席会议制度,编制流域生态环境保护规划,开展跨边界区域治理,探索生态脆弱区、空心区、破碎区、边缘区和集中贫困区的区域治理模式。按照"6＋N"的布局,在远安县全域和宜都市高坝洲镇、长阳土家族自治县高家堰镇、秭归县屈原镇、兴山县南阳镇、点军区土城乡5个乡镇先行试点,同时鼓励各地积极探索,自行开展试点。

2. 生态守护:筑牢三峡生态安全屏障

宜昌市以国家公园的标准进行环境保护和治理,把三峡地区作为长江流域的第二道生态防线和生态安全屏障。对接国家长江经济带、国家公园体制试点等重大战略决策,整合生态建设各类试点,初步探索出一条"生态优先、产城融合、城乡一体、人城共进、智慧个性、包容共享"的生态守护与绿色发展之路。

3. 生态产业：实施生态产业发展工程

在严格守护的基础上，善用自然资源进行生态产业发展和生态资本化试验。包括自然资源、人文资源和民生服务三个方面的试验。试验旨在探索区域生态资源化、产业化、资本化、证券化的模式，寻找区域产业链金融及资本化路径，通过主题产业和特色生态小镇承载试验内容。2017年2月，宜昌十大生态绿色项目集中开工，投资额达50多亿元。

4. 生态公民：塑造绿色生态卫士

生态公民包括自然生态公民、企业生态公民和政府生态公民三个方面。在开展生态公民建设方面，西陵区推出《生态好市民》教材，建立市民个体、家庭、社区、单位、生态组织"五位一体"的生态市民建设链；猇亭区开展"五星"生态公民创建活动；远安县制定"生态公民"建设路线图，落实生态教育与培训方案、生态人文工作者建设方案。

5. 生态金融：创新公共服务供给机制

宜昌打破"筹钱"的常规，探索生态金融创新，建立绿色金融体系、绿色资本市场、绿色金融激励机制等。"宜昌试验"中的一项重要工程——香溪长江公路大桥的建设，是湖北省首个PPP项目，由此宜昌市政府向社会资本敞开了合作的大门，建立起完备的PPP项目库和顺畅的PPP项目征集渠道。2016年6月，宜昌市设立了绿色发展投资基金，总规模为200亿元。

二、宜昌市实现绿色发展的现实难点

(一)产业转型升级时不我待

1. 以化工产业为主导的产业结构亟待调整

化工产业是宜昌市重要的优势产业和支柱产业,是第一个产值过千亿的产业。2016年,宜昌市规模化工企业261家,完成化工产业总产值1906.3亿元,占全市化工产业总产值的30.6%,占全省石化行业总产值的1/3左右。宜昌化工产业成绩突出,但短板也十分明显。全市化工产业存在产业结构不优、产业布局不合理、园区基础设施不完善、安全环保压力大等问题,加快推进化工产业转型升级,必须有"壮士断腕"的决心。

2. 沿江一公里范围内的产业布局面临转型

宜昌市的化工企业,主要呈沿江分布的态势。在长江经济带"共抓大保护,不搞大开发"的背景之下,沿江一公里范围内企业的关停并转迁存在很大压力。2017年全市计划关停沿江一公里范围内的化工企业25家,已经全部实施到位。未来三年,宜昌市沿江一公里范围内还有100多家化工企业面临关停并转迁的问题。现实问题是替代产业支撑力不足,虽然一些新发展项目已经初具雏形,但还处在培育阶段,尚未能全面发力,短期之内难以形成强有力的支撑力。

3. 化工企业集中入园存在难题

因为上述背景,未来全市众多的化工企业将会一一搬迁入园,力争到2020年,全市化工产业结构调整和转型升级取得重大进展,形成比较优势明显的现代化工产业基地。但是,化工企业集中入园的过程中同样存在一些问题,比如拆除设备存在巨大资金缺口,政府对搬迁企业的补偿标准难以让各方满意,化工园区的选址使得物流、人工、原材料等方面的成本增加等。

(二)污染防治新旧问题交织

1. 粗放式排污现象屡禁不止

宜昌市还存在一定程度的粗放式排污现象,如各类化工企业的废气、废水排放等,给宜昌市的空气质量、长江流域的水环境造成了一定的影响。很多企业习惯了粗放式的经营管理方式,而且粗放式排污背后还有较大的经济利益的诱惑,使得企业宁愿"顶风作案"也不愿意投入一定的成本去治理污染。

2. 农业面源污染问题亟待解决

宜昌市农业面源污染的防治问题不容小觑:农业生产过程中的化肥、农药,农村的固体废弃物、生活垃圾等,对环境造成了影响,威胁人类生命安全和动植物健康生长,也影响了食品安全。据统计,2016年仅宜都、枝江、当阳、长阳四市县水产养殖达到3400亩(1亩≈666.7平方米),宜昌市重点流域的面源污染现象十分严重。因此,全面清查污染现状、减少农业面源污染对河流、水体、土壤的污染也是亟待解决的重要问题。

3. 乡镇生活污水治理迫在眉睫

乡镇生活污水治理是修复长江生态环境的重要抓手,是补齐农村生态短板的紧迫任务,也是一项真正意义上的民心工程。

2016年,乡镇生活污水的粗放式排放覆盖了宜昌市87个乡镇、23个街道办事处和1349个行政村,污染源难以控制且仍处于增长态势,全面推进乡镇生活污水治理的时间紧、任务重、要求高。

(三)长江经济带绿色生态廊道建设面临问题

1. 发展与保护的矛盾亟待破解

长江经济带以"共抓大保护,不搞大开发"作为基本的指导思想,但是这并不意味着不发展,而是"在保护中发展,在发展中保护"。在这样一对辩证关系中,如何处理发展与保护的矛盾、形成富有宜昌特色的长江经济带绿色发展模式、在"绿"了生产的同时实现"强"了发展,是亟待解决的问题。

2. 长江经济带绿色生态廊道建设与"共抓大保护"存在距离

修复长江生态环境、保护长江生态环境是长江经济带发展战略的优先选项。宜昌境内长江经济带绿色生态廊道的建设与长江经济带共抓大保护的总要求还存在一定的差距,主要表现为农业面源污染、工业生产中的废水污染、城镇生活污水污染、船舶污染导致长江流域水质污染严重,对重点生态脆弱区、生态敏感区的保护还不够。

3. 三峡库区生态环境保护面临问题

宜昌作为三峡工程所在地,对三峡库区的治理和生态环境保护具有义不容辞的责任。三峡地区是长江的第二道生态屏障,担负着保证一库清水、保障三峡工程、保护万里长江的特殊历史使命。由于三峡大坝的建设,对小流域的生态环境造成了一定的影响,库区绿化、水土保持、小流域治理等都是目前三峡地区所面临的重要问题。

三、实现绿色发展的宜昌路径

(一)以"四新"经济解产业转型升级之困

1.培育新的第二产业集群

以培育新的第二产业集群来化解化工企业关停并转迁之后带来的产业支撑不足的问题。一是加快"两化"深度融合,推动制造业转型升级。立足全市现有的产业基础,大力发展临空经济、汽车产业、通用航空产业、高端数控产业等新兴第二产业,以此来弥补化工产业转型之后带来的第二产业动能不足的问题。二是以中小产业园孵化平台、产业发展平台为载体,扶持小微、草根企业,培育多元化的市场主体。建议出台《宜昌市支持小微企业创业园发展实施办法(试行)》《宜昌市中小企业公共服务示范平台升级奖励办法(试行)》,实施"小微企业三年成长计划",培育小而专、小而精、小而新、小而特的小微企业集群,支持小微企业研发生产专精特新产品(技术),推动小微、草根企业的技术改造、产学研及成果转化,形成新的发展动力。三是着力强化项目建设,培育新兴产业。抓住自然资源部(原国土资源部)已将宜昌列为近期商业化开发页岩气的国家重点区域的机遇,培育页岩气产业,使之成为战略性新兴产业。加大力度扶持"新技术、新产业、新业态、新模式"的"四新"经济,加大"四新"经济招商的力度,为相应的项目提供优质服务平台,协助企业解决项目建设中的各类问题,力促签约项目早开工、早投产、早见效。

2. 突破性发展以康养产业为龙头的现代服务业

一是进行宜昌康养产业发展战略研究,把康养产业纳入全市国民经济和社会发展规划,进行顶层设计,制定《宜昌市康养产业发展规划》。二是创建三峡康养产业试验区。2017年1月,宜昌市政协六届一次常委会议审议通过了《关于创建国家级三峡康养试验区的建议案》,并提出把清江康养产业试验区作为国家级三峡康养试验区的核心区域,赋予清江试验区一些先行先试的相关政策。同时,建议市委、市政府统筹协调健康养生产业布局,核心区域可不限于一地,特别是中心城区要进行养老服务业综合改革示范。三是探索推进"康养+文化+旅游+体育+农业"的多产业融合发展模式;推进全域旅游向全域康养转型升级,创建国家级康养旅游示范基地;加快培育康养重点项目,打响品牌,扩大影响。四是制定医养结合机构和康养服务站建设标准与管理办法,以强力宣传助推产业发展。

除了康养产业之外,以现代物流业为代表的生产型服务业,以商贸、金融业为代表的生活型服务业、贸易零售业、房地产配套服务业等,都是宜昌未来重要的第三产业增长点。

3. 着力解决化工生产企业搬迁入园后面临的问题

一是正向引导、解决后顾之忧。给企业解决"怎么搬,往哪儿搬"的问题,针对现有化工生产企业的实际情况,制定对关闭、转产、搬迁的化工生产企业实行奖励和补偿的意见、补贴办法等,对设备、土地、房产进行补偿,出台职工安置、转产及进度奖励等经济政策,帮助引导化工生产企业关、转、迁,让企业明白未来的发展走向,知道未来将"何去何从"。二是科学规划,避免二次污染。对于待建和在建的化工产业园,一定要统筹规划、科学布局,避免因为园区的规划设计等问题带来"二次污染"。重点依据产业链上下游的关系,对全园的企业布局进行合理的安排,做到资源利用的最大化和污染排放的最小化。对于园区内的"三废"进行高标准的集中处置、统一排放。三是出台政策,降低企业成本。统一搬迁入园之后,大部分企业的生产成本提升了10%左右,政府可以通过税收减免、补贴等方式,帮助企业降低生产成本,促进企业的生产积极性,提升企业扩大再生产的能力。

4.注重研发、人力资本等无形资产的投入

一是加大对无形资产特别是对技术、信息和人力资本的重视程度,制定相应的政策确保无形资产受到应有的保护。引导企事业单位以能力为导向构建招聘、薪酬、绩效等一系列管理体系,迈入能本管理时代。二是注重建设高质量的研发平台。以宜昌市中心人民医院的诺贝尔奖工作站为起点,继续建设一批对研发人才具有较大吸引力的平台,让研究型人才能够在宜昌学有所用、研有所成,并转化为现实的生产力。三是继续拓展引进高质量人才的路径。不仅从住房、薪酬待遇上解决其后顾之忧,更为重要的是从职业规划、发展平台上给予他们一个能够施展才华的舞台。四是树立人才资源管理和服务的标杆,总结宜昌人才资源开发与管理的成功经验,促进企事业单位人才资源开发与管理水平的提升。五是进一步加大科技经费投入力度,落实研发费用加计扣除、高新技术企业税收优惠等支持科技创新的优惠政策,调动企业的创新积极性。

（二）标本兼治，打好污染防治攻坚战

1. 重点监管并惩戒排污单位

落实《宜昌市工业污染源全面达标排放计划实施方案（2017—2020年）》。全面排查工业污染源，认真开展排放情况评估，建立重点行业企业环境监管台账；明确超标排放整治方案及时限，强化对超标企业的监管约束，加大超标排放整治力度；落实网格化监管和"双随机"制度，强化环境监管执法；坚持多措并举，打击偷排偷放等恶意违法行为。

2. 开展农业面源污染治理

制定《宜昌市农业面源污染治理计划》，确定节水、节肥、节药的工作目标，加强畜禽养殖粪污处理设施建设，深入开展秸秆资源化利用。按照2017年已启动的农业面源控污行动，落实好禁用、限用农药的专项治理、耕地土壤污染防治、化肥减量增效、农药减量增效四大行动，向农业面源污染宣战。全面禁止江、河、湖、库水面网箱养殖，全面取缔和拆除围栏、网箱和其他辅助设备，强化渔业执法，加强水资源保护和水生态修复。

3. 补齐农村生态短板

一是提升一种意识，即提升农村居民的生态环保意识。通过广泛的宣传教育，引导和鼓励农村居民节约用水、循环利用垃圾、减少化肥农药的使用量等，改变农村居民的思想观念和生活方式。二是采取两大举措，即美丽宜居示范村建设，农村生产生活垃圾填埋和循环利用。三是实施三大工程，即实施山水林田湖生态保护和修复工程，实施湿地保护与恢复工程，实施农村污水处理工程，

避免乡镇生活污水排入长江和清江等重要河流。

(三)实施绿色发展计划,破解发展矛盾

1. 制定《"绿色宜昌"三年行动计划(2018—2020年)》

确定三年生态环境空间规划,严守生态空间红线,创新生态守护方式,构建生态功能区,筑牢绿色自然生态屏障。坚持节约集约利用土地资源,建立清洁生产激励机制,加强节能环保改造,推动生态循环发展。实施治污、治臭、治霾和重点企业周边环境综合治理专项行动。推进城市整理工程,抓好饮用水源地保护,统筹建设城市地下综合管廊,大力建设"海绵城市""节能城市""智慧城市"。完善生态文明建设目标体系,强化党政同责。对重点事项实行项目制,主要领导干部担任项目负责人,统筹治理。

2. 打造长江经济带绿色生态廊道景观

一是用制度和法律保护长江经济带的生态环境,加快制定相关法律法规、办法细则等,严格落实《长江流域综合规划2012—2030年》相关要求,严格执行已经制定的保护长江经济带生态环境的相关法律法规。二是科学规划长江经济带产业结构,从顶层设计上把握好产业分布和类型,杜绝重污染企业落户,推进现有产业转型升级。三是实施"美丽长江"工程,进行航道整治与疏浚,建设生态航道,发展绿色港口,推进船型标准化,推广应用新能源船舶。四是落实《绿道系统建设实施规划》,打造生态廊道景观。五是解决过去形成的"多头管理、谁也不负总责、相互推诿"的问题,切实保护沿江湿地、森林、湖泊等关键生态要素。

3. 加大力度实施库区生态修复和绿化建设

一是培育库区生态修复示范林。根据库区水位高低不同的情况，选择种植既能耐涝又能耐旱的植物品种，大力实施三峡库区的森林工程。与此同时，注重天然林的保护，加强自然保护区和国家级生态公益林建设，实施封山育林工程，严禁滥捕滥采。二是继续开展小流域治理，保障水土不流失。以不同的小流域为单元，根据水土流失规律和当地实际，制定科学的水土保持规划，实施综合治理，合理安排生态用水，处理好生产、生活和生态用水的关系。同时，在水土保持和生态建设中，充分考虑水资源的承载能力，因地制宜，因水制宜，适地适树，宜林则林，宜灌则灌，宜草则草。注重坡面与沟道治理相结合，水土保持工程措施、生物措施与耕作措施相结合，治理与开发利用相结合，经济、生态和社会效益相结合。

渝东北片区绿色发展路径探析

（中共重庆市万州区委党校　陈仁安）

党的十九大报告指出：必须树立和践行绿水青山就是金山银山的理念，坚持节约资源和保护环境的基本国策，像对待生命一样对待生态环境，统筹山水林田湖草系统治理，实行最严格的生态环境保护制度，形成绿色发展方式和生活方式，坚定走生产发展、生活富裕、生态良好的文明发展道路，建设美丽中国。[1]近年来，渝东北片区认真践行新发展理念，着力推动绿色发展，成效显著。但在新时代，渝东北片区绿色发展既面临一系列战略机遇，又存在诸多现实难题，须采取切实可行的对策措施加快推进渝东北片区绿色发展。

一、渝东北片区绿色发展面临的时代机遇

（一）绿色发展成为时代理念

从工业文明转向生态文明已成为当今世界的发展大势和客观

规律。从国际形势来看,为应对全球变暖,2016年4月22日,170多个国家在纽约签署了《巴黎协定》,承诺将全球气温升高幅度控制在2℃的范围之内,支持《巴黎协定》落实已成为国际社会的共识。从国内形势来看,党的十八大以来,以习近平为核心的党中央综合分析国际、国内经济形势,做出经济发展进入新常态的重大战略判断。在适应、把握、引领新常态的大逻辑下,针对我国发展中的突出矛盾和问题,提出创新、协调、绿色、开放、共享的发展理念,科学回答了新形势下经济社会发展的一系列重大理论和实践问题。新发展理念是在深刻总结国内外发展的经验教训的基础上形成的,也是在深刻分析国内外发展大势的基础上形成的,体现了我们党对新的发展阶段基本特征的深刻洞悉,反映了我们党对社会主义本质要求和发展方向的科学把握,标志着我们党对经济社会发展规律的认识达到了新的高度,是我们党关于发展理论的一次新的升华。新发展理念已成为我国经济社会发展的指挥棒。

(二)长江经济带建设带来重大机遇

推动长江经济带发展是国家的一项重大区域发展战略。2016年1月5日,习近平在重庆市召开推动长江经济带发展座谈会时指出:推动长江经济带发展,理念要先进,坚持生态优先、绿色发展,把生态环境保护摆上优先地位,涉及长江的一切经济活动都要以不破坏生态环境为前提,共抓大保护,不搞大开发。[2]可见,生态优先、绿色发展是长江经济带建设的核心思想。《长江经济带发展规划纲要》对长江经济带发展进行了四大战略定位:生态文明建设的先行示范带,引领全国转型发展的创新驱动带,具有全球影响力的内河经济带,东中西互动合作的协调发展带。四大战略定位为长江经济带发展导航定向。习近平关于长江经济带建设的重要论述是回应时代命题所做出的重大理论创新,长江经济带"四大战略定位"使长江经济带上升为国家战略,这无疑会加快长江经济带的建设步伐,将为地处长江中上游的渝东北片区绿色发展带来重大战略机遇。

(三)生态文明体制机制改革创造重要机遇

党的十八大以来,以习近平为核心的党中央把生态文明建设纳入"五位一体"总体布局和"四个全面"战略布局,坚定不移深化生态文明体制机制改革。2015年4月,中共中央、国务院印发《关于加快推进生态文明建设的意见》,明确了生态文明建设的总体要求、主要目标、重点任务等。2015年9月,《生态文明体制改革总体方案》发布,提出到2020年,构建起自然资源资产产权制度、国土空间开发保护制度、空间规划体系、资源总量管理和全面节约制度、资源有偿使用和生态补偿制度、环境治理体系、环境治理和生态保护市场体系、生态文明绩效评价考核和责任追究制度8项重要制度。十八届五中全会要求,开展省以下环保机构监测监察执法垂直管理制度改革试点,确保独立性、权威性、有效性。党的十九大报告强调,加快生态文明体制改革,建设美丽中国。近5年来,中央全面深化改革领导小组审议通过的文件中,涉及生态文明建设改革的达40余份。一项项重要改革举措落地生根,新的生态文明体制机制建立完善,为渝东北片区绿色发展创造了重要机遇。

二、渝东北片区绿色发展存在的现实难题

(一)绿色转型转而不快

当前,渝东北片区各区县秉持"生态优先、绿色发展"理念,不断加大绿色产业发展力度,但因创新驱动力不足,致使绿色转型转而不快,突出表现在以下三个方面。一是传统产业与战略性新兴制造业比例失调。尽管各区县着力改造提升传统产业,培育发展战略性新兴制造业,但电子核心零部件、新能源汽车及智能汽车、智能装备、环保产业、生物医药、新材料等战略性新兴制造业发展仍然滞后,战略性新兴制造业产值在规模以上工业产值中的占比偏低。以万州区为例,2017年上半年,全区完成战略性新兴制造业产值74.4亿元,同比增长15.2%,占规模以上工业产值的15.8%。二是现代服务业发展缓慢。目前,渝东北片区的现代物流、信息服务、金融服务、电子商务、商务会展、科技服务、文化创意、节能环保服务等生产性服务业与旅游休闲、商贸、健康养老、教育培训、房地产等生活性服务业发展滞后,现代服务业在第三产业中的比重偏低。三是农业现代化推进不力。当前,渝东北片区农业的集约化、生态化、特色化、设施化、多功能化水平不高,农业现代化综合指数低于70。

(二)生态环境保护与经济发展矛盾突出

当前渝东北片区开发和生态环境保护之间存在着比较尖锐的矛盾。一是渝东北片区的整体性保护不足,生态环境质量不容乐

观。根据《全国主体功能区规划》，渝东北片区的巫山县、奉节县、云阳县纳入三峡库区水土保持生态功能区，巫溪县、城口县纳入秦巴生物多样性生态功能区，其余区县纳入长江流域主产区，致使渝东北片区整体性保护难度增大，生态环境质量不容乐观（见表1）。二是以三峡库区为主体的渝东北片区工业废水及城镇生活污水排放量多，风险隐患大。目前，渝东北片区工业废水及城镇生活污水处理设施虽日趋完善，但随着新型工业化和城镇化进程的快速推进，工业废水及城镇生活污水排放总量仍然偏大，风险隐患大。三是重点区域经济发展和生态环境保护的矛盾突出。渝东北片区的城镇、工业园区是渝东北片区发展的重点区域，是新时代渝东北片区全面建成小康社会和现代化建设的重要支撑，而这些区域地处长江上游生态屏障区，属于重点生态功能区和农产品主产区，属于限制开发区域，生态环境保护任务十分艰巨。可见，渝东北片区重点区域的经济发展与生态环境保护的矛盾相当尖锐。

表1 2011—2012年渝东北片区各区(县)生态环境质量变化趋势

区(县)	2011年 EI	2012年 EI	ΔEI	EI 变化情况
巫溪县	59.85	72.34	12.49	显著变化
云阳县	53.08	58.07	4.99	略有变化
城口县	68.69	73.49	4.80	略有变化
开州区	58.53	63.23	4.70	略有变化
奉节县	58.37	62.52	4.15	略有变化
万州区	56.22	60.05	3.83	略有变化
垫江县	51.80	54.78	2.98	略有变化
巫山县	60.87	62.95	2.08	略有变化
丰都县	59.44	60.95	1.51	无明显变化
梁平区	54.90	55.38	0.48	无明显变化
忠　县	53.72	54.07	0.35	无明显变化

（注：生态环境状况指数（EI）是指反映被评价区域生态环境质量状况的一系列指数的综合。表中数据来自2012年度重庆市生态环境质量评价结果）

(三)生态保护制度建设滞后

虽然近年来渝东北片区生态建设取得了突出成绩,但渝东北片区的生态保护制度建设滞后于生态文明建设。一是法律政策体系建设滞后。比如,虽然我国已经出台了一系列环境保护和污染防治的法律法规,但是由于相关生态法律法规在渝东北片区宣传普及的力度较弱,缺乏细化可行的实施细则,生态执法监督检查跟不上,渝东北片区的生态执法效果还不理想。二是生态文明体制机制建设滞后。例如:生态文明建设的政策不配套和激励不到位的问题还很突出;转变经济发展方式还有诸多障碍;在现实生活中违背生态文明建设要求的逆向激励机制还存在;违背新发展理念的逆向选择行为屡见不鲜;不计环境成本、不管生态后果、追求短期政绩的行为还有一定的市场;公民的生态文明意识尚未牢固树立,低碳、节约、环境友好的生活方式尚未成为人们的自觉行动;等等。生态保护制度建设滞后已成为制约渝东北片区绿色发展的重要瓶颈。

三、渝东北片区绿色发展的基本路径

(一)构建绿色产业体系,谋求渝东北绿色发展新思路

党的十九大报告指出,我国经济已由高速增长阶段转向高质量发展阶段,正处在转变发展方式、优化经济结构、转换增长动力的攻关期,建设现代化经济体系是跨越关口的迫切要求和我国发展的战略目标。渝东北片区地处三峡库区、秦巴山区,是长江流域

重要的生态屏障,建设现代化经济体系就是要构建绿色产业体系。一是大力发展绿色工业。要按照习近平提出的"共抓大保护,不搞大开发"要求,坚持生态优先、绿色发展,以长江经济带产业转移为契机,以经济技术开发区(工业园区)为载体,加快现有重化工、装备制造、纺织服装等传统企业生产工艺、设施(装备)改造,提升传统产业绿色化、智能化水平;重点培育交通运输装备、绿色食品加工、现代生物医药、现代轻纺服装、精细盐气化工等特色制造业集群和能源工业集群;着力发展节能环保、新一代信息技术、物联网、新能源汽车及智能汽车、机器人及智能装备、新材料等战略性新兴产业。二是"全链化"发展生态特色效益农业。要以忠县柑橘产业"从一粒种子到一杯橙汁"的深度产业链为样本,实现传统农业向集约化、特色化、生态化、设施化、多功能化的现代农业转变。三是努力发展现代服务业。要大幅提高金融保险、现代物流、航运服务、旅游休闲、健康养老、文化教育、电子商务、研发设计等服务业比重。

(二)推进绿色低碳循环工业园区建设,打造渝东北绿色发展新平台

绿色发展需要打造绿色低碳循环的工业园区。一是严把企业环评关。各区县工业园区要认真践行绿色低碳循环发展理念,对拟入驻的企业实行环评一票否决制,同时对现有企业进行严格监管,对排放的污染物进行检测,如果污染物排放超标,要求企业停产、限期整改。二是注重资源高效循环利用。对工业生产过程中产生的废水、废气、废渣要变废为宝。工业废水利用方面,要加大用水大户企业的中水回用力度,逐步实现废水零排放;工业废气利

用方面,最大限度地提高废气余热利用率,让废气变"钱";在固体废弃物利用方面,要综合利用,让固废成"宝"。三是加大节能减排力度。各区县工业园区要推动产业结构调整和优化升级,实施"结构减排";鼓励企业使用清洁能源,进行清洁生产,做好"技术减排";以企业脱硫脱硝工程为重点,抓好"工程减排"。

(三)打造渝东北生态城镇群,点燃渝东北绿色发展新引擎

绿色发展需要生态城镇群的引领。一是构建全域生态格局,筑牢城市生态屏障。要秉承"绿水青山就是金山银山"的理念,在片区内构建"三山一湖"的城市生态安全格局。其中,"三山"指大巴山、巫山和七曜山,是渝东北片区的重要生态屏障;"一湖"指"三峡平湖",是渝东北片区生态系统网络的重要组成部分。二是划定"三生"空间,加强统筹协调。要按照"三生统筹""多规合一"的原则,划定片区生态、农业、城镇空间。其中法律法规明确需要保护的区域和维护生态安全格局需要控制的区域统一划入生态空间,城镇开发边界外围的基本农田和其他集中连片的优质耕地等划入农业空间,各级城镇集中发展建设区及外围需要控制的地区划入城镇空间。三是创新城镇发展模式,构建生态城镇体系。要以长江黄金水道、高速铁路、高速公路为支撑,以特色经济的空间建设需求为出发点,形成空间据点式、弹性化、生态化但功能联系紧密的城镇网络体系。

(四)加大生态环境保护建设力度,寻求渝东北绿色发展新支撑

绿色发展离不开良好的生态环境支撑。一是持续开展大气污

染防治行动。片区内各个城市要根据自身气象条件、地表通风能力和城市结构,在城市规划区内划定城市通风廊道,努力缓解因通风不畅造成的污染物扩散条件较差、大气污染较为严重的问题,同时健全区域大气污染联防联控机制。持续改善大气环境质量,让天更蓝。二是重拳治水。要按照污染物总量控制原则,进一步提高长江流域污水处理厂出水水质标准,加大再生水利用、河湖湿地生态修复、城镇黑臭水体整治、小流域污染综合整治,同时严控农业面源污染、工业废水污染、城镇生活污水污染。全面改善水环境质量,让水更清。三是加强土壤污染防治。要加强农用地土壤污染防治,实施农用地分类管理,控制农业污染,推进受污染农用地安全利用,同时加强城市及工业园区建设用地土壤污染防治,实施建设用地准入管理,防范建设用地新增污染,开展污染治理与修复,确保土地开发利用符合土壤环境质量要求。管控与修复土壤污染,让地更绿。

(五)强化生态文明制度建设,夯实渝东北绿色发展新保障

习近平指出,只有实行最严格的制度、最严密的法治,才能为生态文明建设提供可靠保障。在推进渝东北绿色发展进程中,须突破一切阻力,破解制约生态文明建设的体制机制障碍。一是认真落实环保垂直管理制度。要自觉接受上级环保部门对所辖区域生态环境质量的监测考核和环保履责情况的监督检查,区县环保部门要进一步聚焦属地环境执法和执法监测,乡镇(街道)环保机构要明确职责并配备专职人员。二是完善绿色考评机制。要强化环境保护"党政同责"和"一岗双责"要求,加大资源消耗、环境保护

等指标在区县、乡镇(街道)党政领导班子和领导干部政绩考核中的权重,形成与主体功能区相适应的差异化绩效考核评价制度和奖惩机制。三是严格生态责任追究。对领导干部全面实行自然资源资产离任审计,避免出现"拍屁股走人"的现象。推行生态环境损害责任终身追究制,把"硬指标"真正落实到"硬约束"上。四是建立市场化、多元化生态补偿机制。要在稳定现有生态补偿政策基础上,按照"共抓大保护,不搞大开发"的原则,建立和完善森林、水域、耕地、草场、湿地、矿区等重点领域和重点生态功能区、禁止开发区域等重要区域的生态补偿机制,扩大补偿范围,加大补偿力度。

参考文献

[1]习近平.决胜全面建成小康社会夺取新时代中国特色社会主义伟大胜利——在中国共产党第十九次全国代表大会上的报告[M].北京:人民出版社,2017.

[2]李后强,翟琨.让母亲河永葆生机活力——深入学习贯彻习近平关于长江经济带建设的重要论述[N].人民日报,2016-07-24.

以乡村游新路径开启荆门绿色农村发展的新征程

（中共荆门市委党校　何玉芹）

2017年中央一号文件明确提出，要深入推进农业供给侧结构性改革，加快培育农业农村发展新动能，强调推行绿色生产方式，增强农业可持续发展能力。2018年中央一号文件又提出，实施乡村振兴战略，要牢固树立和践行绿水青山就是金山银山的理念，落实节约优先、保护优先、自然恢复为主的方针，统筹山水林田湖草系统治理，严守生态保护红线，以绿色发展引领乡村振兴。乡村游作为近年来涌现的一种三产融合发展的新业态，开发了农村闲置资源，拓展了农业的多种功能，绿化了农村环境，是一种促进农业农村提质增效的绿色发展方式。在实施乡村振兴战略和绿色农村的背景下，探索乡村旅游的发展路径，对于释放绿色农村发展的新动能具有重大意义。

一、绿色农村的科学内涵

绿色农村是一个广义的概念，除了自然环境绿色秀美外，生产方式是集约科学的，乡村文化底蕴是原汁原味、积淀深厚的，人居环境是古朴自然、和谐文明的。绿色农村的科学内涵,归纳起来大致包括以下三方面的内容。

(一)绿色的自然环境

绿色的自然环境是实现绿色农村的前提,是绿色发展的基础。首先,绿色的自然环境包含良好的生态环境,指大气、水、土壤、生物等一切自然资源能够自洁自净、栖息繁殖,在自然界平衡协调,实现良性循环。绿色农村是对农村自然资源的绿色、集约、可持续利用,是马克思主义生态观在中国农村的具体运用。从外在表现来看,绿色的生态环境是指人们抬头看得见蓝天、低头看得见绿水、远眺望得见青山。从本质上来讲,农村良好的生态环境是人本发展理念的展现,体现了农民对绿水青山生态家园的美好期待,是每一个公民合情合法合理的利益诉求。其次,绿色的自然环境包含人与自然的和谐相处。"自然界,就它本身不是人的身体而言,是人的无机的身体。人靠自然界生活……人是自然界的一部分。"[1]由此可见,人类不过是众多生物种类中的一种,是自然的一部分。人类只有善待自然、保护自然、尊重自然,实现人与自然的和谐共处、协调发展,才能利用自然、改造自然。

(二)绿色的生产环境

绿色的生产环境,一方面包括绿色自然环境,另一方面包括绿色生产资料、绿色生产过程和绿色产品。绿色的生产环境既有利于保护绿色的自然环境,又是形成绿色消费环境的基础。其中,绿色自然环境是实现绿色生产的外部条件,绿色生产资料是实现绿色生产的内部条件,绿色生产过程是生产绿色产品的重要保障,绿色产品是绿色生产的最终结果。绿色生产资料是绿色产品的源头,因此,在生产之前应树立绿色理念,优选农产品品种,尽可能采用无害化的农药、化肥。绿色生产过程主要是在传统农业中引入标准化作业、质量安全体系管理,科学种养。绿色生产过程是农业实现由"量"到"质"提升的核心要素,是农业供给侧结构性改革的基本要求。除了实现生产资料、生产过程的绿色化,还要在仓储、包装和运输环节加强安全监管,保证产品新鲜、不增加新的污染,这样才能真正实现绿色生产。

(三)绿色的人居环境

绿色的人居环境是建设绿色农村的最终归宿,同时也是提升农民生活质量的重要保障。绿色的人居环境包括两方面:一是绿色的居住环境,二是绿色的人文环境。绿色的居住环境是指村容整洁,设施完善。具体来讲,就是垃圾、污水、杂物能够得到及时清理,环境得以改善;房屋、院落、公共场地能够适度美化,美观度极大提升;水电、网络、环卫、道路等基础设施与人口和经济规模相适,设施不断改善。绿色的人文环境是指乡风文明、文化进步。具体来讲,就是农民的文化自信大大增强,自然遗产得以保护,优秀乡土文化得以传承,留得住记忆,品得到乡愁;农民的思想素质大大提高,农村陋习得以破除,农民的精神文化活动较为丰富,农村文明风尚得以形成。

二、乡村游成农村绿色发展的新动能

荆门乡村游以"农家乐"为切入点,发端于20世纪90年代末,兴盛于近十年,产业链不断延伸,产业形态不断创新,已初具一定的品牌效应。据统计,全市已建成休闲农业示范点11家,培育全国休闲农业与乡村旅游四星级示范企业2家,创建省级旅游名镇2个、旅游名村6个,开办星级农家乐625家。乡村游从业人数超过10万人,间接就业农民人均年增收入3500元。"农农""农工""农旅"模式不断创新,摸索出三产融合、产村融合的"彭墩模式",打造了柴湖花城,形成了一批田园综合体。退耕还林、退田还湖逐年推进,漳河生态保护圈、长湖生态修复圈、大洪山生态涵养圈建设成果丰硕,农村生活污水处理的"客店模式"在全省推广,生态种养的"香稻嘉鱼"模式成为示范工程。

(一)乡村游激活了农村绿色闲置资源,促进了农民增收

传统农业增值潜力小、附加值低,农民收入因农产品价格"天花板"和综合成本"地板"的双重挤压而增长乏力。乡村游作为传统农业的升级产业,在很大程度上重构了产业体系,通过创意开发、环境保护和结构调整,将农村自然环境、农业生产活动、农民生活方式作为旅游的吸引物,激活了自然风光、民宅古居、低价劳动力等沉睡的资源,使一切闲置的资源都有机会参与三产经营[2]。乡村游作为传统农业的绿色产业,立足于农村良好的生态环境,在自然观光和特色餐饮的基础上,开发了农事劳作体验、乡村休闲养生、民俗文化展示等项目,增加了生产参与、生活融入、生态享受与生命体验的新功能,扩大了传统农业的增值空间,提高了传统产品的需求弹性,实现了闲置资源变旅游资产、旅游资产创农民收入,极大地促进了农民增收,有效稳定了农村人口。

（二）乡村游开启了农村绿色发展方式，促进了农业增效

支撑乡村游新业态发展的并不是单纯的第三产业，而是以第一产业为基础、以旅游业为纽带的"接二、连三"，靠纵向延伸形成了"你中有我，我中有你"的"第六产业"。它破除了传统农业的掠夺式耕种土地、大量使用农药化肥、廉价贱卖资源性产品的粗放式发展方式，打破了三产之间隔离发展的樊篱[3]，以绿色科技发展农业种植、以绿色有机理念发展农产品加工，以文化创意理念发展乡村旅游，实现了一二三产业的融合发展、绿色发展。升级版的乡村旅游抓住了农业绿色转型的契机，将拓展农业功能和绿色发展同步推进，着力用现代新技术提升传统农业、文化理念建设美丽乡村、现代营销方式推广乡村品牌，大力发展有机农业、规模种养、家庭农场等高效农业，突破发展观光农业、休闲养生、文化旅游等产业形态，既促进了旅游业服务质量的提升，又实现了传统农业的增效。

（三）乡村游营造了农村绿色人居环境，促进了农村增靓

乡村游新业态是"农业＋文化旅游＋绿色社区"的综合发展模式。新业态的乡村游按照"居游共享"的理念，打造乡村景点、建设基础设施、安置农村居民的过程，同时也是建设美丽乡村、改善农村面貌的过程。发展乡村游，要求村庄建设统筹生产、生活、生态三大布局，满足宜居、宜业、宜游的建设需求。新一轮的乡村旅游地打造，对村域土地进行了科学规划和调整布局，正在形成功能完善、生态宜居、舒适便利的乡村空间。同时，乡村旅游地的道路、网

络、环卫、食宿等基础设施也在提档升级,建设风格既追求乡土特色,又做到精巧舒适,在满足游客需求的同时,也极大地提升了农民的生活质量。而乡村景点的打造更是锦上添花,为乡村环境不断地增靓添彩。新业态的乡村游,往往通过创意设计、景观整理和环境营造,将乡村中的石木花草、老物件、生产生活用品等,转变成乡村中独具特色的景观,由此形成了不同于城市的乡土景观体系。可以说,正是乡村游新业态的强劲动力,才有了农民富裕、农业发展、农村变靓的新面貌。

三、荆门绿色农村发展存在的问题及原因分析

由于荆门乡村游处于产业初创阶段,发展经验尚待积累总结,加之农民文化自信尚待提高,农村条件尚待改善,出现了一种倾向、一种问题。

(一)景观有城市化倾向,原乡味不浓

一些地方舍本逐末,轻视自然景观,大量建造人造景观,失去了农村的乡土文化内涵。有的村庄随意硬化乡村马路,乱建城市公园,任意改造沟壑堰塘;有的村庄以城市商品房为标杆,无节制地滥改房屋,中国传统建筑的节能天井、地穴空调等传承技艺已近失传;还有些村庄在景观打造上仅局限于"硬化路、栽上树、种片花",文化定位、功能定位有待深入研究。改造或新建的乡村景观缺少文化底蕴,少了绿树掩映,不见了深闺庭院,人不养房、房也不养人,望不见山水,也记不住乡愁了。

（二）环境有脏乱差问题，文明程度不高

有些村庄，生活污水和生活垃圾未做无害化处理，垃圾随意堆放在道路两旁和田间地头，污水随意排放于水塘沟渠；养殖业废弃物和农业秸秆的利用率不高，畜禽粪便随意排放，少数乡村的安全饮水问题也未得到解决。有些村庄，配套设施不健全，"吃住行游购娱"的一体化服务不达标，乡村道路过窄，大车通达率低，黄金周乡村接待容量太小，一次性塑料餐具让人望而生畏。还有些乡村，旅游服务不够精准，同一类型旅游项目在同一区域出现扎堆现象，民宿统一贴瓷砖、乱装钢化玻璃，"天地君亲师"的中堂变成了摆放"玛丽莲·梦露"的客厅，真正体现传统中国农村生活意趣、生产智慧的旅游项目很少。

四、以乡村游促进荆门绿色农村发展的实现路径

以乡村游促进荆门绿色农村发展必须充分挖掘荆门乡村资源和文化特色，从规划设计、开发建设和改造提升等方面促进绿色农村发展。

（一）以原乡化的乡村旅游规划设计作为推进荆门绿色农村发展的战略指导

要对荆门乡村旅游资源进行纵深开发，规划设计具有新奇吸引力的绿色农村景观。首先，要做有温度的情景规划。规划与地形地貌有机结合，展现山水林田湖等自然要素，尽可能融入故事、体现民俗、增加体验，使景观有表情、背后有故事、项目可体验。其

次,要做有尺度的商业规划。打造小规模开放式村民居住区,尽力保持和修复传统乡居的村巷空间,避免盲目拉直道路、过度硬化沟渠、胡乱建造高楼,避免过度商业化和低俗化,尽可能保持乡村的原始古朴。最后,要做增亮度的点睛规划。避免大拆大建和照搬照抄,在尊重原貌的基础上,利用村民中的能工巧匠,对村景村貌做点睛改造,做到就地取材来造景,随坡就湾来绿化。

(二)以约束化的乡村旅游资源条件作为推进荆门绿色农村发展的开发原则

乡村旅游如果盲目照抄照搬其他成功模式将不得要领,每个乡村的开发模式、景点打造和文化传承,必须立足于乡村资源、产业优势和区位环境等基础条件,实事求是、因地制宜地开发。首先,开发模式和发展类型的选择,要综合自身条件来进行主题定位,尽可能地展现优势特色,体现地域特征,反映时代风貌,真正使各地主题鲜明的生态农业观光、民俗风情展示、农家乐体验、村落乡镇游览、乡村休闲度假和农业科普教育模式深入人心。其次,景点风格和空间环境的营造,要保护现有植被,延续传统风格,最大限度地保持乡土景观的原真性。最后,乡土文化和民俗风情的展现,要增强乡村文化自信,大力保护历史遗产,传承工匠文化,避免过度商业化和低俗化。由此可见,乡村旅游开发要对当地资源进行充分调研,对乡村环境进行全面分析,对开发模式进行全面论证,在策划旅游项目和产品时,做到扬长避短,以确保正确的开发思路和方向。

（三）以创意化的乡村旅游项目改造作为推进荆门绿色农村发展的主攻方向

从旅游供给侧改革的角度出发,实现荆门绿色农村发展,必须对传统的同质化旅游项目进行创意改造,在项目开发和氛围营造的原真性、体验性和全域性上下真功夫。首先,要改革创新,突出原真性。乡村景观的再造一定要修正之前对宜业与宜游、建设与保护、现代与传统关系的破坏,增加乡村独特的"土味"和"野趣",做到"土"而不脏、"野"而不乱。为此,要坚持以农业生产为本、以乡村文化为基,推进美丽乡村与绿色生产的产村融合,现代创意和乡村元素的文化融合。其次,要改革创新,增加体验性。顺应游客越来越青睐体验与参与的变化趋势,升级改造传统项目,将传统的1.0游山观水、2.0品尝采摘、3.0轻度体验升级到4.0的农业价值再造与游客深度体验版本[4]。突出人的中心地位,通过具有亲和力的服务和人性化的设施,改善游客的旅游体验。最后,要改革创新,落实全域性。全域旅游是推进绿色农村发展的有效途径。全域不仅包括美丽乡村的全部空间,而且包括农业产业的全部过程、全部环节。像彭墩之类的经济基础较好、旅游资源较丰富的乡村,要通过以点串线带面,逐步落实全域旅游的发展思路,以此为契机不断完善基础设施,美化景观廊道和改善生态环境。

（四）以升级化的乡村旅游服务作为推进荆门绿色农村发展的重要基础

服务是旅游的生命线。必须树立精品意识,对乡村旅游的设施和服务进行全面升级改造,提升旅游服务的精细度和舒适度。一是要补足短板提高乡村旅游的舒适度。补足短板,完善污水和垃圾分类处理等基础设施建设，拓宽乡村道路、升级环卫设施、完善旅游网络、普及安全用水、美化服务设施，全方位改善旅游环境；进一步提升景观格调和增加文化旅游项目，设计一些修旧如旧、具有复古风格的乡村建筑，如民宿、亭台，以及乡土文艺范和诗情画意感兼具的服务空间，如牛栏咖啡、猪栏茶吧，增加乡村旅游的吸引力。二是要用足政策提升旅游服务的精细度。把对农民的旅游培训作为一项民生工程、创业工程来抓。既要把农民送出去，开展内容丰富、形式灵活的专业培训，不断提升农民办旅游的能力，又要把人才引进来，充分利用"一村一大"等国家政策优势，吸引优秀旅游人才到乡村驻村帮扶，为乡村旅游发展提供智力支持。另外，还要引导和教育乡村旅游从业人员自觉养成讲卫生的良好习惯，抓好食品安全等各项卫生防范措施，为游客营造洁净、健康的旅游环境，让游客吃住放心、娱乐舒心，努力建成一批宜居、宜业、宜游的景点，真正做到乡村让城市更向往。

参考文献

[1]马克思,恩格斯.马克思恩格斯全集(第42卷)[M].北京：人民出版社,1979.

[2]许经勇.农业供给侧结构性改革的深层思考[J].学习论坛,2016(6).

[3]田逢军.近年来我国观光农业研究综述[J].地域研究与开发,2007(1).

[4]王朝辉.产业融合拓展旅游发展空间的路径与策略[J].旅游学刊,2011(6).

打造昭君故里生态文化旅游品牌的路径思考

(中共恩施州委党校　牟勇)

昭君出塞是一次具有伟大历史意义的壮举。作为王昭君的故里,兴山县在整理、发掘、宣传昭君文化方面具有得天独厚的优势。如何开发、建设昭君生态民俗文化村战略导向性项目,如何打好昭君故里生态文化旅游品牌?笔者到昭君故里实地交流、调研,专题研究了昭君故里生态文化旅游发展规划。当前,要坚持绿色发展理念,把握生态文化原则,运用现代科技,结合兴山县的实际,积极打造鄂西乃至全国著名的生态文化旅游品牌。

一、把握昭君文化的生态旅游价值

在长江西陵峡北侧、大巴山余脉与巫山余脉交汇处,有一条美丽的河流,清澈的河水缓缓流淌,水流潺潺,这就是著名的香溪河。传说"香溪"与王昭君的"香气"有关,故名"香溪"或"昭君溪"。《妆楼记》记载:"昭君临水而居,恒于溪中洗手,溪水尽香"。又传说王昭君出塞前曾在溪边洗脸、梳妆、洗涤手帕,甚至无意间将颈上的珍珠落在溪流里,从此溪水含有香气,故而得名。昭君,姓王,名嫱,字昭君,出生在西汉南郡秭归(今兴山县)香溪河畔的平民之家。公元前33年,匈奴单于呼韩邪自愿归附汉朝,"愿婿汉氏以自亲"。元帝应允,后宫待诏王昭君挺身而出,"乃请掖庭求令行",自愿担当"和亲使者"的角色。王昭君到达塞北后,被封为"宁胡阏氏",汉元帝也特意下诏改元为"竟宁"。这就是中国历史上著名的"昭君出塞"。从此,"刀枪入库,马放南山",汉匈友好长达六十年之久,呈现出"边城晏闭,牛马布野"的和平局面。当前,"昭君出塞"的历史典故,已经成为一种追求和平、息戈播文的文化符号,其时代价值愈来愈散发着光芒。对于兴山县而言,要依靠王昭君这个"家乡人"打造现代旅游文化品牌,就要准确把握昭君文化的生态旅游价值。

(一)把握昭君文化的"同心圆"内涵,找到旅游集聚的"最大公约数"

习近平在党的十九大报告中指出,要高举爱国主义、社会主义旗帜,牢牢把握大团结大联合的主题,坚持一致性和多样性统一,找到最大公约数,画出最大同心圆。"同心圆"和"最大公约数"同样适用于新时代经济社会发展的大感召、大联合,打造昭君故里生态文化品牌亦可如此。

1. 以"和"文化吸引海内外游客

昭君文化体现的"以和为贵、以亲为荣"的凝聚力,不仅为我们提供了政治智慧,也为我们依托旅游开展经济文化交流提供了载体。一个"和"字,一个"亲"字,可以聚拢无数的海内外中华儿女。

2. 整合昭君形象的"辐射"元素

比如位于我国台湾苗栗地区的新莲寺,是供奉王昭君的庙宇,人们将昭君与观音、妈祖并列供养。2005年,在台湾北港妈祖庙举行进香系列活动时,主办方还办了一场"昭君文化祭"。内蒙古呼和浩特人民将昭君墓"青冢"列为重点文物保护单位。塞外百姓把王昭君敬奉为神,尊称为娘娘,1997年还专门修建了一所娘娘宫,供人们瞻仰。源于民间昭君庙会的昭君文化节始于1998年,如今已举办十一届。

3. 引领和平爱好者的"和平之旅"

把握昭君文化的"同心圆"内涵,就是广泛阐释昭君文化体现的"偃武修文"、友好相处的和谐文化、和平文化,引导人们珍视和平、捍卫和平,引导海内外游客到昭君故里游览,歌颂这位伟大的民族和平使者。这对于提升兴山县人气、汇聚山城旺气、找到文化旅游"最大公约数"具有极大价值。

(二)把握昭君文化的道德内涵,发掘"颂德"文化的艺术魅力

王昭君的人格,体现的是一种大爱,生动诠释了中华民族"仁义礼智信"的崇高品德。

1. 把握昭君的女性智慧魅力

"乃请掖庭求令行",展示了王昭君的勇气、智慧和决心。带着和亲的使命出嫁,她善始善终,即使在呼韩邪单于死之后仍遵循当地习俗,继续其维护汉匈和平的事业。她大义凛然的决定,乃至为民族做出的牺牲和贡献,千百年来一直为人们所传颂。

2. 把握歌颂昭君的艺术魅力

据统计,自汉代以来,反映王昭君的诗歌有700余首,写过王昭君事迹的著名作者有500多人。古代有蔡邕、李白、杜甫、白居

易、李商隐、王安石、耶律楚材等,近现代的有董必武、郭沫若、曹禺、田汉、翦伯赞、费孝通、老舍等。在关于王昭君的演义故事里,元朝有杂剧《汉宫秋》,明朝有传奇《和戎记》、杂剧《昭君出塞》,清朝有章回体小说《双凤奇缘》。时至今日,家喻户晓的电视剧《昭君出塞》、流行歌曲《美女远嫁·昭君》、潮剧《王昭君》、小提琴协奏曲《王昭君》等,这些以歌颂王昭君"功德"为主题的文化资源,具有深厚的历史积淀。

3. 把握艺术作品体现的人文地理魅力

无数歌颂王昭君的诗词歌赋里,多巧妙融合了昭君故里的自然山水、人文意趣,比如杜甫的"群山万壑赴荆门,生长明妃尚有村",上官仪的"玉关春色晚,金河路几千。琴悲桂条上,笛怨柳花前"等名句,皆将王昭君的人格通过拟物的方式表达出来,展现出一种独特的风情和魅力。这些都是我们打造生态文化旅游项目可以深入挖掘和提炼的。

(三)把握昭君文化的形象内涵,发掘"天然美"与"实践创造美"相结合的旅游元素

1. 把握自然化与艺术化结合后的昭君之美

王昭君千百年来为人们所传颂,其历史形象早已被艺术家们进行了各种再创作,呈现"万种丹青画昭君"的盛况。这种形象,本身体现了王昭君个人、故土山水的"天然美"与艺术加工"实践创造美"的有机融合。

2. 把握与王昭君有关的传说之美

比如根据香溪河口一年四季风平浪静的现象,兴山县当地流传着这样一个美丽传说:王昭君出塞之前,曾回家省亲,之后,她坐

着龙头雕花木船,沿香溪河顺流而下,到达香溪河口,长江浪花纷纷朝溪口涌来,滞留木船,朝拜王昭君,王昭君感激地说"免朝(潮)"。此后,长江洪峰浪涛涌到这里便退去了,即使是夏天涨水,这里也浪平涛息。这一美丽的传说寄寓了家乡人民对王昭君的深切怀念之情。

3. 挖掘昭君文化的历史厚重之美

基于对王昭君形象的"美学"创造,近年,兴山县一大批关于王昭君的文化产品被挖掘出来。主要包括:昭君套、昭君绣、绣鞋洞、河灯节、石人湾等;还有以昭君和亲为题材创作的《香溪美 香溪香》《同唱一首昭君歌》《美丽的兴山我的家》等歌曲,以及长篇民间歌舞剧《情满香溪》。同时,"昭君传说"被正式列入国家级非物质文化遗产名录。

二、正确把握比较优势,明确昭君旅游品牌的生态文化原则

2009年以来,国务院先后出台了《国务院关于加快旅游产业发展的意见》《国务院关于促进旅游业改革发展的若干意见》《国务院关于推进文化创意和设计服务与相关产业融合发展的若干意见》《"十三五"旅游业发展规划》,中共中央、国务院出台了《生态文明体制改革总体方案》。这些文件对生态文化旅游做出了部署,并提出了一系列政策保障措施,创造性提出了生态、文化、旅游系统融合的发展思路,明确指出:"坚持融合发展,推动旅游业发展与新型工业化、信息化、城镇化和农业现代化相结合,实现经济效益、社会效益和生态效益相统一;坚持以人为本,积极营造良好的旅游环

境,让广大游客游得放心、游得舒心、游得开心,在旅游过程中发现美、享受美、传播美……推动旅游产品向观光、休闲、度假并重转变,满足多样化、多层次的旅游消费需求;推动旅游开发向集约型转变,更加注重资源能源节约和生态环境保护,更加注重文化传承创新,实现可持续发展",为新时期生态文化旅游产业的发展提供了根本指导。2008 年 7 月,中共湖北省委在第九届委员会第四次会议上提出了立足鄂西地区,着力运用后现代理念,激活该地区丰富的生态、文化等资源优势,破解交通、体制、机制等瓶颈障碍,协调组织建设"鄂西生态文化旅游圈"。近年来开展的"绿色幸福村"建设,围绕风貌古朴、功能现代、产业绿色、文明幸福的定位,大力打造现代化生态文化景区,使游客在景区既能享受田园美景,又能享受现代文明。这些都为兴山县大力发展旅游产业提供了指导和政策支持。尤其是新命名的"昭君镇""昭君村",要借助鄂西生态文化旅游圈的政策背景和"绿色幸福村"的宗旨定位,与时俱进做好"十三五"旅游业发展规划,打造昭君故里生态文化旅游品牌。

(一)正确把握比较优势

旅游是一个综合产业,当前游客的旅游动机也逐渐多元化,这势必要求兴山县在发展昭君生态文化旅游时,找准旅游目的地的比较优势,实行差异化的旅游定位,这样既可以规避同质化发展,又可提高旅游产业的核心竞争力。

1. 正确把握昭君故里的区位优势

从昭君故里的地理区位看,兴山县国土面积 2327 平方公里,处于巴楚生态文化旅游圈辐射地带。它东距宜昌市 176 公里,距三峡大坝 97 公里,西北距神农架林区木鱼镇 60 公里。从昭君故里的区位交通看,兴山县围绕生态文化旅游已建设、改造及在建的基础设施包括209国道各线、高峡公路、峡口码头、高古公路、昭君大桥等工程,朝天吼景区纳入"一江两山"黄金旅游通道、沪蓉北高速公路出口经过高岚集镇,交通已相当便利,已基本形成了"三横三纵"为主骨架、以古夫县城为中心、以香溪河为轴、覆盖全县的公路网格局。兴山县委、县政府正谋划推进的"22234"交通体系建设,即建好两条高铁(郑万高铁、沿江高铁)、两个集疏港(县城高铁陆港、香溪游轮水港)、两条旅游公路(县城至神农架东部景区旅游公路、高岚至汶堉坪旅游景区公路)、三条绕城公路(古夫、昭君、峡口三个集镇的货运绕城公路)、四条集疏通道(五峰至神农架高速公路、兴山县至神农架木鱼镇观光小火车、县城至高岚公路改建、县城至榛子高山旅游通道),昭君故里将会真正形成水、陆、空、铁立体交通网络。

2. 正确把握昭君故里的生态优势

其一,香溪河的优美风光。香溪河发源于神农架,流经兴山县昭君村前的响滩后,始称香溪河,是流经兴山县的最大河流。香溪河河道蜿蜒曲回,深潭与险滩相间,急流与缓沱相连。除洪水期外,河水四季清澈见底。其二,县域周边的自然山水。新县城驻地古夫镇建于2002年,位于仙女山麓、香溪河畔,环境优美,气候宜人。2004年古夫镇移民城镇规划建设管理荣获"中国人居环境范例奖"。县境内重峦叠嶂,沟壑纵横,共有大小山头3580座、溪河156条,海拔落差2317.4米。附近的朝天吼景区古朴原始,高岚景区山水如画,龙门河森林公园神奇幽深。

3. 正确把握昭君故里的资源优势

其一,拥有丰富的矿产资源。兴山县全县探明煤炭地质储量

1591.20万吨,其中A+B+C级储量1339.10万吨,C+D级储量252.10万吨,保有储量300多万吨;8个矿区磷矿,累计探明资源储量2亿吨,保有资源储量7219.9万吨。其二,拥有丰富的水电资源。兴山县的水能资源得天独厚,县域内有大小溪河156条,香溪河和凉台河两大水系横贯全县,香溪河水系总流域面积2971平方公里,年储水总量占全县的93.27%。全县水能理论蕴藏量达31.82万千瓦,可开发量24.24万千瓦,年发电量6.3亿千瓦时。其三,拥有特色产业。兴山县五大支柱产业,分别是果茶、烟叶、畜牧、蔬菜、药材。果茶产业,全县柑橘总面积近8万亩,茶叶总面积达到4万亩;烟叶产业,面积稳定在5万亩以上;畜牧产业,建设有10万头三元杂交猪基地,以及与之配套的10万亩草场;蔬菜产业,形成4万多亩的低山精细蔬菜基地,新发展5万亩的特色蔬菜和野生蔬菜基地,及5万亩的高山反季节蔬菜基地,蔬菜种植总面积在10万亩以上;药材产业,围绕8个乡镇布局,建设3万亩药材基地,总产在8000吨以上。这些都能为打造昭君生态文化品牌提供物质"硬实力"。

4. 正确把握昭君故里的文化优势

如前所述,昭君出塞这一历史事实,已经成为一种文化象征,符合民族团结、人类社会和睦相处、共同发展的主题。王昭君为兴山县注入了独特的文化历史元素。其一,王昭君形象深入人心。2000多年来,王昭君的事迹及其和平理念、奉献精神、女性智慧一直为文人骚客所赞叹,也一直为家乡人民所传颂。宜昌市夷陵区乐天溪镇系白居易当年客居之地,该地为宣传小镇面向全国征集的对联就有"昭日昭月昭君心,乐山乐水乐天溪"的经典名句。其二,昭君文化品牌形象日渐"走出去"。昭君故里先后通过开展一系列宣传活动,提升其品牌形象和美誉度。"昭君文化高层论坛""湖北人游湖北,走进昭君故里——十万大军漂流朝天吼"和"昭君故里·朝天吼杯"汽车旅游集结赛等活动,大大提升了兴山县旅游的知名度;10分钟的《昭君故里》旅游宣传片由央视主持人解说,在北京、上海、深圳、武汉、大连、青岛等知名城市的电视台和报纸专门推介。其三,独具特色的民歌、锣鼓等民间戏曲为昭君文化添彩。兴山民歌源远流长,音调奇特,不见经传,被誉为"巴楚古音活化石";薅草锣鼓历史悠久,以唱情歌的花锣鼓和不唱情歌的攒鼓远近闻名;地花鼓并演蟠龙、跳狮、花鼓诸杂剧;围鼓既保留有北方粗犷的气质,又具有南方委婉的风格,曲牌丰富。

(二)明确昭君旅游品牌的生态文化原则

党的十九大报告中提出,必须坚持新发展理念,形成绿色发展方式和生活方式,建设美丽中国。昭君故里要依托比较优势,着力把昭君文化品牌与兴山县秀美壮丽的自然风情相结合,必须坚持"外修生态、内修人文"为基本原则,以绿色发展为主线,把生态文明融入昭君旅游品牌建设的各个方面和全过程:立足发展生态特色产业,全力打造生态城;立足昭君文化品牌,全力打造文化城;立足建设"鄂西圈游客健康休闲中心",全力打造生态文化旅游健康城。

1.要整合资源,为我所用

其一,系统收集、整理与昭君、昭君出塞相关的文化资源。一切关于昭君文化的古迹、传说、文学艺术都应该大胆地加以发掘、整理。在此基础上,充分发挥群众的想象力和创造力,尽可能多地创造与之相关的产品。其二,科学整合周边景区,学会借"东风"。

比如,当前文化产业的蓬勃发展和三峡旅游热的兴起,以及"大三峡旅游经济圈"的打造,让开发昭君品牌占尽"天时";而昭君村距离神农架仅1小时的车程,三峡大坝蓄水到175米后,水位抬升到昭君故里的琵琶桥下,游轮可从宜昌市直达兴山县昭君村景点,又让昭君故里拥有得天独厚的"地利"条件。这些都应该从战略的高度来加以认识和谋划。其三,坚持内外联动、"宣传第一"。要组织学习"昭君文化"的适度包装技巧和营销策略,力争通过市场经济规律,使昭君故里的名声"走"出去,使游览昭君故里的人"走"进来,强化专题促销、市场直销和网络营销,不断巩固和扩展目标市场,吸引更多的中外旅游者踏上昭君故里,开展独具魅力的生态文化之旅;在开发与建设中坚持与时俱进,大到一个区域、一个品牌,小到一个景点、一个文艺作品,都应该主题鲜明,不忘本来、吸收外来、面向未来。

2. 要抓特色,强特色,凸显特色

昭君文化是一段历史文化,是属于中华民族的"大文化"。在开发、利用这一文化资源的过程中,内蒙古呼和浩特市的运作取得了巨大成功,兴山县在发展旅游的过程中,完全可以大胆地借鉴、模仿其做法。其一,注重现代科技与自然生态、历史典故的深度融合。充分利用现代科技,将具有视觉冲击、震撼性的现代声、光、电系统以及美轮美奂的现代建筑风格与当地原生态的自然美,古朴淳厚的农村院落、景观结合起来,争取发挥"人无我有,人有我精,人精我特,人特我神"独特魅力。其二,立足本地实际,打好"昭君故里"牌。比如:发掘和创作"昭君少年时候的故事""昭君出塞前的故事""昭君的美貌与德行",等等。

3. 坚持全方位开发、重点突出

昭君文化开发应具有全国眼光和世界眼光,充分利用三峡工程和神农架的声名远播,借助"昭君出塞"这一千古不朽的佳话,把兴山县整合建设成为中外驰名的文化旅游经济区与生态旅游经济区,让该地区的生态旅游文化优势能充分发挥出来。其一,打造具有地域特色的生态旅游文化产业链。在项目运作和规划上,应充分考虑游客的现实需要,考虑外出旅游包括行、住、食、游、娱、购等多个环节,根据兴山县的实际情况,发展适应游客需要的生态旅游文化产业。其二,重点打造"看"和"玩"的项目。有"看"头,有"玩"头,游客才会安心地在这里旅游。因此,全方位开发、重点突出,就是要全县一盘棋,围绕昭君名人文化、民俗文化、女性文化主题形成整体意象系统,形成旅游特色、旅游品牌和规模效应。其三,深度开发与市场开拓相结合。坚持统筹规划与突出重点相结合,促使旅游业从接待型向产业型转变,由资源型向产品型转变,由项目开发型向项目资本营运型转变。

三、打造"昭君故里"生态文化旅游品牌的现实路径

生态文化旅游是针对旅游业对环境的影响而产生的一种全新旅游方式。如何把昭君故里高起点地打造成生态文化旅游目的地,为游客提供高品质的产品和服务,是当前旅游开发面临的主要问题。生态文化旅游的活力在于民生,优势在于创新,品质在于和谐,效益在于市场。兴山县要把握生态文化资源独特而丰富的特点,吸纳生态文化旅游的先进理念,塑造昭君故里自然与人文相得

益彰的生态文化旅游品牌,实现生态文化旅游的经济效益和社会效益的有机统一。以目前正在开发的三峡香溪国际旅游休闲区项目为例,该项目由兴发集团发起并牵头实施,近、中、远期分别建设投资15亿元、10亿元、15亿元。建设总体框架为"一河、两港、三区",围绕"神奇香溪、美人昭君"核心轴线,着力打造个性独特、景致优美、富于魅力、享誉鄂西生态文化旅游圈乃至全国的生态文化旅游新亮点。因此,我们要借助当前高阳镇已正式更名为昭君镇,以及昭君民俗文化村、昭君文化博览园、昭君文化经济带企业联盟日趋完善成熟的契机,着力打造"昭君故里"生态文化旅游品牌。具体说来,既要发掘王昭君作为中国古典"四大美人"的审美价值(女性美、情操美等),又要搞好昭君故里的形象设计、生态和谐,增强"美丽昭君、神奇兴山"对游客的吸引力。从实际成效来看,要追求的是既有使人去一次的"神往",更有"回头望"的留恋。从实际操作上讲,则要贯彻从大处着眼,从小处入手,于小事处下功夫,从大战略上做文章。

(一)从"大"的方面整合生态文化旅游资源

生态文化旅游是一种可持续性发展的新型旅游形式。昭君故里打造生态文化旅游新品牌,要走集群化产业创新路子,改变眼下低、小、散的状况,全方位加大旅游资源整合力度,加快产业转型升级,形成一批集观光体验、文化感染、艺术熏陶、休闲度假为一体的生态文化旅游集聚区。

1. 要着力建设"大"项目

打造生态文化旅游品牌需要一批影响力大、带动性强、综合效益好的项目作为示范和支撑,通过以点带面、点面结合的方式辐射开来。例如,山西打造的平遥古城生态旅游文化项目,就是通过充分发掘平遥古城的历史故事及其当代价值,在此基础上引入合作机制,争取到中国进出口银行6.8亿元的贷款,通过大手笔投入、高起点规划,短短几年平遥古城项目就实现了经济效益和社会效益的双丰收。目前总投资5.8亿元的兴山县古洞口综合开发项目,打造的是集水电展示、滨河休闲、水上运动、山地游览、水光山色于一体的满足游客休憩、玩赏需求的主题生态文化公园。由此可见,打造一批优秀文化项目,是提升旅游产业文化内涵的"重点突破"之举,通过品牌效应可以收到"四两拨千斤"之功效。在前期发掘昭君旅游资源时,兴山县已规划或建成朝天吼漂流、昭君文化博览园、明妃温泉、中华妇女民俗文化博物馆、三峡昭君巴楚民俗文化村等特色旅游项目,目前还有三峡香溪国际旅游休闲区和昭君文化经济带企业联盟,这些项目成了宣传昭君故里、加强经济文化交流的有效载体。今后,需要更进一步开发昭君故里的景区项目,如可建昭君凉亭、昭君女儿楼、昭君出塞船等创意性建筑,发掘绣鞋洞、石人湾等传说古迹,修建昭君博物馆、昭君宅及望月楼、昭君祠,建设汉宫风情园、塞外风情园等颇具古典或异域情怀的建筑,同时开发和整合附近的卧佛山、仙女山等自然景区,使兴山县成为集观光游览、休闲度假、漂流探险、乡村旅游为一体的大型旅游中心。

2. 宣传扶持"大"品牌

王昭君是闻名海内外的"四大美人"之一,又是出塞的"和平使者",这两个形象已经深入人心,妇孺皆知。但是,兴山县作为王昭君的故里并不广为人知,因此现今需要宣传的是兴山县与王昭君的关系。具体可在各种报纸、书刊、电视、网络上,通过王昭君的形象宣传兴山县,旅游宣传口号可以设计为"我从这里走出——王昭君""兴山孕育昭君美,生长明妃尚有村""王昭君:和谐社会,从我做起",等等。此外,可以参照"枝江酒业"的发展、运营模式,运用香溪美丽的传说和良好的水质,发展"昭君酒业";同时,利用兴山县已有的特色种植业产品,大力开发昭君品牌系列,如昭君白鹤茶、昭君胭脂橙、昭君牌香烟、"香溪"牌女性化妆用品等,争取由政府扶持、企业运作,做大做强,形成知名品牌。

3. 定期举办"大"活动

宜昌地区为了发展旅游,先后举办了中国宜昌长江三峡国际旅游节、兴山昭君文化艺术节、秭归屈原文化艺术节、当阳关公文化艺术节、长阳民族文化艺术节等活动。在兴山县,昭君形象大使启动仪式、昭君后裔重走和亲路、昭君文化研究座谈会、昭君文化书画摄影采风、昭君文化高层论坛等系列活动也在如火如荼开展。今后,希望兴山县在组织活动方面更加主题鲜明,突出纪念昭君的内容,比如可组织昭君女儿节、昭君出塞纪念年、香溪歌舞会、昭君故里推介会、"昭君"系列产品展销会。

4. 从文化和学术上抢夺"大"资源

可根据当今世界"和平与发展"的主题,在昭君故里成立"昭君文化与和平发展国际交流中心",发展会议旅游,扩大昭君故里在国内外的影响。创办昭君旅游文化艺术学院,培养旅游、艺术人才;定期召开昭君文化专题学术研讨会;持之以恒地办好昭君文化艺术节;继续加强与内蒙古的合作与交流,不断深化和扩大"昭君文化论坛"的层次和领域等;三峡地区的重庆、宜昌等地的某些高等院校应在旅游管理专业开设"旅游文化"和"三峡旅游文化"(含昭君旅游文化)等课程,举办有关昭君和平文化的专题讲座,扩大昭君故里在高校的影响。

5. 抓好基础设施建设,搞好"大"服务

目前,在交通方面,已建成的峡口旅游码头,完成了客运泊位、停车场、双向客运缆车及斜坡道和钢引桥、人行踏步道等配套设施工程建设。近年来,突出以交通为重点的基础设施建设,已建设、改造及在建的工程包括宜兴公路、209国道古平段、209国道白桦段、高峡公路、古两公路、峡口码头、昭君大桥等。沪蓉(北)高速公路经过兴山县境内,2016年兴山县被确定为宜昌至郑万铁路连接线,兴山县将告别不通铁路的历史,这将使昭君故里进一步扩大对外开放,提升聚集力和辐射力。在生态环保方面,要着力实施天保工程、退耕还林、农业综合开发等一大批项目。要投资兴建更多"低投入、有品质、有特色、服务健全"的旅店和招待所,积极改造和维修昭君村景区房屋、地面、给排水、绿化、道路护栏等基础设施,使景区面貌焕然一新;全方位引进市场机制,通过"谁开发、谁保护、谁投资、谁受益"原则招商引资,鼓励、支持更多的企业共同参与生态文化旅游开发。此外,兴山县城所在地古夫镇环境宜人,需要进一步维护和管理,为游客提供"宾至如归"的良好体验。

(二)从"小"的方面提升生态文化旅游产品和服务

从小处着手,就是要学习、借鉴外地旅游经验,结合本地区实际,不断创新和完善,尽可能全方位满足游客悦目、娱乐、增知、益智等多种需要,认真发掘、整理昭君文化的真实内涵和对现代人生活的启示,让消费者体会文化内涵、享受欢乐、体味乐趣。这就要求我们的生态文化旅游产品无论是演艺产品还是文化工艺品,都要本着对消费者高度负责的态度,着实体现文化内涵,提升文化品位。坚持"差异化产品"和"现代化服务"两手抓,通过政府主导、企业投资,在规模建设的基础上把各项工作做实、做细,力争影响和带动兴山县旅游服务业和家庭手工业的发展,形成特色旅游产业链。在此基础上,适度开发度假房产、田园农庄、乡村俱乐部等,支撑起未来兴山县生态文化旅游的一方新天地。

1. 围绕游客"衣食住行",提供特色品质服务

在"衣"方面,开发具有昭君象征意义的文化衫、古装衣帽,以及具有塞北风情的昭君套、中国结、小香包、情人扣等。在"食"方面,主要包括饮品和食品两大类。饮品主要是之前所述的昭君酒、昭君茶,食品则包括具有本地特色和传统的合心饭、香溪烧烤、昭君橙、香水梨、核桃等。在"住"方面,可以考虑建设精致、小巧、别致的昭君女儿楼、香溪小庭院、小蒙古包等,充分利用山巅、山坡、山谷、山麓、峭壁、水体进行点、凸、跨、飘、引的规划设计,使之与大酒店、大旅社相得益彰。在"行"方面,主要开发与当地景区结合的小吊桥、小船、游览小车,峡谷地带还可引进索道、缆车等短途旅行工具。

2. 在歌舞文艺上提供服务

主要包括"看"的内容和"听"的内容,以及二者有机融合的内容。在"看"的方面,可以从戏剧、歌舞、文艺作品三个方面打造。以昭君为题材的地方戏剧表演,如《昭君出塞》《情满香溪》等,每天一场,定时表演;舞蹈表演可以三峡地区的民族舞蹈和昭君出塞地的蒙古族舞蹈为主,每天一场,定时表演;文艺作品方面,开发出售有关王昭君的诗集、故事、绘画、对联、景观旅游导图、音像制品、纪念章、纪念币、雕塑等。在"听"的方面,主要包括器乐演奏、歌曲两大类。器乐演奏以古琴、琵琶演奏为主,如《昭君怨》等;歌曲方面

可以用"兴山特性民歌"演唱歌颂王昭君的歌曲。这方面需组织专人整理、创作,最好将古典曲谱与地方民间小调相结合。

3.在历史文化"情境"体验上提供特色品质服务

除了通过景致、表演和饮食来激发游客的兴趣外,还可通过现代科技手段和提供仿真场所来让游客亲身体会、参与。比如可每天举办昭君故里小姐抢绣球游戏、昭君出塞上船实情体验、昭君故里田地劳动、种昭君橙、栽合欢树等方式增强与游客的互动。充分发掘昭君和亲、和睦、和谐等主题元素,与兴山县自然山水的灵秀及山城明珠的静谧,峡谷、山崖、漂流景区的野趣和刺激结合起来,打造一场场美轮美奂、让人沉醉的情境体验。

4.着力从细节处提供人性化景区服务

通过对旅游行业从业人员实行多层次、宽领域、全方位培训,包括职业道德素养、文化知识、历史知识、普通话水平测试等方面,使旅游从业人员和管理人员的素质得到提升,培养专门的旅游服务人才。同时,加强管理、完善服务,大力开展景区"厕所革命""停车场革命""日光躺椅革命"等,为游客提供干净、卫生的场地。开展旅游环境综合整治,规范景区摊棚摊点,严厉打击"黑导游"、欺客宰客等不法行为,营造诚信的旅游环境,使昭君故里的旅游专业化、职业化、市场化、产业化。

宜昌市乡村生态治理研究

（中共宜昌市委党校　范玺文）

宜昌市是承载保护长江三峡屏障的主要地区,也是世界级水电工程三峡大坝的所在地。2016年3月,国家"十三五"规划纲要明确提出建设三峡生态经济合作区;5月26日,三峡生态经济合作区生态治理"宜昌试验"正式启动。生态治理是宜昌经济社会发展的基础性工作,而广大乡村地区是宜昌生态治理的重要阵地和基石。乡村生态治理不仅关系到整个宜昌市生态治理的成败,更关系到广大乡村地区的可持续发展和社会稳定。提升乡村生态治理的水平有益于培植宜昌现代化建设的发展后劲与发展动力,能有效引领经济社会在动态平衡中实现绿色发展。

一、宜昌市乡村生态治理的成就

乡村生态治理是宜昌生态治理的重要组成部分,关系到生态治理"宜昌试验"的成败。宜昌市各级干部和群众都充分认识到了生态治理的重要性,治理主体采取了积极有效的治理手段,收到了明显的治理成效。

（一）乡村环境整治有力

各县市乡村地区都把净化农村环境、实施美丽乡村建设作为乡村生态治理的主要抓手,实现了农村生活垃圾和污水集中治理、农业面源污染防范处置全覆盖。

1. 白色垃圾污染全面清除

秭归县归州镇探索建立了"户分散处理、村集中处理、镇统一处理"的生活垃圾处理模式,并坚持多途径投入建设了村级垃圾填埋场、垃圾桶、垃圾车及专业保洁队伍,全镇95%以上的农户实现了庭院净化。秭归县与华新水泥股份有限公司合作,配套建设水泥窑协同处置三峡水面漂浮垃圾项目,将生活垃圾作为企业燃料,实现了生活垃圾高效合理处置与利用。远安县全面推进全域景区化战略,深入实施美丽乡村建设,全县基本不见白色垃圾已超过3年。点军区土城乡大力实施清洁家园行动,率先探索建立农村垃圾分类回收新模式,介绍其经验的相关文章被国内多家媒体刊登。

2. 农村生活污水集中处理

远安县在居民集中安置区配套建设了污水处理厂,采用雨污分流、生物净化等方式对生活污水进行集中处理,全面实现了达标排放。秭归县积极推进乡镇集镇污水处理设施建设,先后建成乡镇污水处理厂8座、村庄污水处理设施29套,基本实现乡镇污水处理设施全覆盖。

3. 种养殖业面源污染有效控制

秭归县积极推进"两清两减"(即清洁生产,清洁种植,化肥减量化,农药减量化)、"三节三增"(即节水节肥节本,增效增产增收)

项目建设和"万人洁河"工程,处理生活污水和带有残留药肥的污水,基本实现了生态化再利用。点军区土城乡积极推进污水分户处理试点工作,并在大型养殖区建立了配套污水处理设施,实现了动物粪便的集中处理和综合利用。

(二)生态产业发展迅速

乡村生态产业既是农民增收的主要渠道,也是继续整治乡村生态环境的经济保障。

1. 推进乡村旅游

远安县积极推进全域旅游,加快推动生态旅游深度融合,基本实现了"村村诗画、处处是景"的目标。秭归县正按全域旅游理念打造"旅游融合、全景秭归"的新模式,将旅游业培育成第三产业的龙头产业。秭归归州镇致力于打造峡江风情小镇。

2. 做好生态农业

各县市区通过结合当地特点,积极找准市场定位,发展生态农业,如远安瓦仓大米、鹿苑黄茶、食用菌影响力日益扩大,秭归已成功打造中国脐橙之乡。

3. 培育康养产业

宜都市将清江康养产业纳入"十三五"重点产业发展规划,大力发展康养产业,投资建设了集生态度假和健康养生等功能于一体的青林古镇、滨湖商业街等项目。

(三)生态公民有效培育

生态公民是乡村生态治理的基础。远安县按照"1+N"模式,建设了集自然教育基地、自然人文学校、社会组织孵化基地、生态产业孵化基地、生态公共服务站、生态工作者认证中心六大功能于一体的综合试验基地金家湾,以及嫘祖镇金桥村、旧县镇鹿苑村、茅坪场镇翟家岭等多个分基地,并开发编制了生态教材,将生态教育纳入中小学基础教育。宜都市大力实施生态公民培育工程,深入推进生态文明"进机关、进学校、进村(社区)、进企业、进家庭"活动,将绿色发展纳入各级干部培训内容,在党校和行政学院开设绿色发展专题培训班,让生态文明理念不断传递。

二、宜昌市乡村生态治理存在的问题

当前宜昌市乡村生态治理理念得到了领导干部和群众的充分认同,各级政府都把乡村生态治理作为关系人民群众生活的大事来抓,乡村生态治理取得了一定的成绩,也积累了一定的经验。但是,放眼未来,乡村生态治理还存在一定的问题或不足。

(一)后续资金投入不足

政府投资是宜昌各县市区乡村生态治理经费的主要来源,资金投入尚有两个难点:一是现有资金难以满足乡村生态治理需要。部分县市区虽已投入一定资金用于乡村生态治理,但现有投入仅能满足乡村白色垃圾清理等较低层面的治理,生态文化营造、生态产业发展等较高层面的投入严重不足。而且,乡村生态治理多以政府财政投入为主,政府主导色彩浓厚,社会资本参与乡村生态治理的积极性较之地产、工业制造等领域的热情相对不足。二是持续投入机制不健全。一次性投入多,持续性投入少,针对项目建设投入多,项目运行投入少,持续投入机制亟待健全完善。在农村生活污水收集处理过程中,重建设轻运行现象普遍存在,部分污水处理厂仅能勉强维持运转,设备更新、管网维修等难以得到足额保障。

(二)产业布局结构不优

主要表现为产业布局不合理、产品结构单一、产品市场影响力不足、产业链不长等。例如:生态农业是秭归特别是归州、郭家坝等乡镇的主导产业,但产业结构单一、产业链不长,抵御自然灾害与市场风险的能力相对不足。远安县虽已通过原产地、地理标志认证等方式不断扩大农产品市场影响力,但瓦仓大米、远安香菇、鹿苑黄茶等产品多在宜昌本地享有名气,在全国影响力相对较小。宜都虽已将康养产业发展纳入"十三五"规划,并已启动了青林古镇等项目建设,但康养产业发展区周边仍然可见传统工业厂区,产业规划布局有待进一步优化。部分产业如香菇种植需要大量的木材,对森林资源保护性开发利用存在一定挑战,产业发展规模与生态环境保护边界有待科学界定。

(三)生态治理设施不完善

生态治理需要相应的现代化治理设施,受资金及其他因素的影响,当前乡村生态治理设施还不完善。一是污水管网不健全。宜昌市各乡镇均在居民集聚区修建了污水收集处理设施,但管网不配套、设施更新滞后现象普遍存在,部分污水处理厂污水处理负荷率较低,污水处理成本长期居高不下。部分村庄没有修建污水收集管网和处理设施,生活污水未经任何处理就随意排放,对美丽村庄建设造成巨大挑战。二是垃圾处理实施工作难以完全到位。

农村村民多分散居住，集中收集处理生活垃圾面临运送距离远、成本高等现实问题，难以建立生活垃圾有效处理的长效机制，农村生活垃圾处理成为顽疾。

（四）生态公民建设滞后

培育乡村生态公民是乡村生态治理的前提和基础。当前乡村生态公民培育的问题主要体现在三个方面。一是村民生态理念落后，乡村生态治理氛围不浓。生态公民建设还仅仅停留在如何保持好环境卫生、如何保护好生态植被等问题上，还没有形成生态、低碳、环保的现代生态生活理念。二是群众生态治理参与不够。当前，广大乡村地区，群众生态治理参与还停留在被动式参与上，积极性有待提高。三是生态公民培育制度建设滞后。乡村生态治理还缺少生态公民建设规划体系，也没有比较统一的生态公民培育制度体系。

（五）体制机制亟待健全

体制机制建设是生态治理工作的关键环节。当前乡村生态治理的体制机制主要存在以下问题。一是各乡镇生态治理合作机制未建立。受行政区划等因素的影响，乡村生态治理还停留在各自为政的状态，各乡镇生态治理之间的有效合作渠道还没有充分建立起来。二是乡村生态治理的人事制度不规范。各乡村没有固定生态治理工作人员，抽调的人员因本单位工作未脱钩，也不能适时到位，与生态治理所承担的职责不相匹配，不利于工作的推进与开展。三是缺乏统一的治理标准。由于各乡镇的资金、地理等各方面的影响，当前各乡镇的生态治理，无论是垃圾处理还是污水收集,无论是生态公民的培育,还是生态基础设施的配套工作,还没有一套比较成熟的标准化的乡村生态治理机制。

三、宜昌市乡村生态治理的对策

乡村生态治理要把建设和治理相结合,要在建设中治理、在治理中建设。当前要把乡村生态治理、乡村产业发展以及乡村生态建设结合起来,开展乡村生态综合守护、发展乡村生态产业、培育乡村生态公民,积极探索"政府主导、市场主体、社会全员参与"的生态治理机制,多管齐下,努力建设生产发展、生活富裕、生态良好的美丽乡村。

(一)强化乡村生态综合守护

生态治理已经成为各级政府的一项重点工作,提高生态服务能力是乡镇政府的重要课题。一是转变执政理念,增强生态服务意识。政府执政理念和方式方法的转变,对于强化生态治理和提升服务能力水平意义重大。因此,要牢固树立尊重自然、顺应自然、保护自然的生态文明理念,树立保护生态环境就是保护生产力、改善生态环境就是发展生产力的生态治理理念。要把单一的行政管制、行政控制思维模式转换为法律、经济和行政相结合的多维服务模式,切实推动绿色发展。二是转变政府生态职能,明确政府职责分工。实现绿色生态治理,需要整合多方资源,重塑政府生态职能和内在结构关系。因此各区域之间的环保部门和其他职能部门,要进行统一协调和整体配合,建立对话沟通协调机制,确保各地区各部门间科学合理的职责分工和权责体系划分,建立地方政府生态职能体系与协作框架。三是强化生态制度保障，完善生态监督体系。强化生态制度供给和制度保障，形成规范化的生态制度环境、生态治理约束机制和科学高效的生态监督体系，为生态文明建设提供持久的动力和根本保障。要建立责任追究制度，对那些不顾生态环境盲目决策、造成严重后果的人，必须依法追究其责任。

（二）加大后续治理资金投入

生态治理资金缺口较大是乡村生态治理中的难题。破解乡村生态治理的资金困难主要从两个方面入手。一方面政府要继续加大乡村生态治理资金投入。当前政府投资仍然是乡村生态治理资金的主要来源，在保证当前治理效果的基础上，各级政府应该在乡村生态治理资金的后续投入上继续提供强有力的保障。另一方面要盘活民间生态治理资金。长期以来，民间资本面临投资渠道受限的困境，让民间资金进入乡村生态治理，有利于拓宽社会资本投资渠道，从而有利于乡村基础设施建设，还能解决乡村生态治理的资金短缺问题，实现互利双赢。

（三）大力发展乡村生态产业

一是建立乡村生态农业体系。发展以产业化为基础的生态农业应充分利用资源，实现农业高产、高效、持续发展，达到生态与经济两个系统的良性循环和经济、生态、社会三个效益的统一。二是建立乡村生态工业体系。生态工业是一种以节约资源、清洁生产和废弃物多层次循环利用等为特征，以现代科学技术为依托，运用生态规律、经济规律和系统工程的方法经营和管理的综合工业发展模式,乡村生态工业体系是宜昌生态产业体系中的重点。三是建立乡村第三产业生态化体系。要想使区域经济形成真正的生态经济,在管理和服务等方面必须做到生态化管理和服务。广大乡村地区需要着力构建生态信息产业、生态物流产业、生态旅游产业体系,为发展乡村生态经济奠定良好基础。

(四)加强生态治理设施建设

生态治理基础设施是指用于治理环境污染、改善环境质量、监测环境状况的设施设备以及其他生态治理的基础设施。乡村生态治理设施建设一方面要积极开展生态环境提升工程和农村人居环境改善工程,切实改善群众的居住和生活环境。另一方面,要加强乡村生态治理的基础设施设备建设。加强乡村生态治理中的污水处理设施建设,无害化垃圾处理设施建设,村级污水管网建设,垃圾填埋场建设,垃圾桶、垃圾车的购买及维修,等等。

(五)积极培育乡村生态公民

生态公民培育是乡村生态治理的基础。一是加强宣传教育,营造乡村生态治理氛围。可以通过编写乡村生态治理教材,发放乡村生态治理宣传单等方式让生态文明建设的理念进入千家万户。二是鼓励群众参与生态治理。通过畅通公民参与乡村生态治理渠道,健全公民参与生态治理奖励制度等方式鼓励公民参与生态治理。三是加强乡村生态公民培育制度建设。可以通过建立生态公民建设规划体系,制定出台生态公民守则等方式确保生态公民培育长效化。

(六)建立创新协同合作机制

通过建立统一的乡镇生态治理合作机制,积极培养专业生态治理人员,制定完善统一的乡村生态治理标准,创新资源整合机制,使宜昌各乡村在交通、旅游、医疗、文化、媒体等各个领域,加强合作与协同,促进生态治理方面的政策共享、资源共享、信息互通、项目共建,形成区域间生态保护和绿色发展的整体联动格局。

总之,加强生态环境治理,实现人与自然和谐相处已经成为全人类的共识。加强乡村生态治理不仅是一项民生工程,更是一项重要的政治任务。党的十九大强调,坚持节约资源和保护环境的基本国策,像对待生命一样对待生态环境。我们一定要坚定走生产发展、生活富裕、生态良好的文明发展道路,既创造更多的物质财富和精神财富来满足人民日益增长的美好生活需要,又不断提供更多优质生态产品以满足人民日益增长的对良好生态环境的需要。在加强乡村经济社会建设的同时,大力加强乡村生态治理,在经济社会发展的同时还大自然以宁静、和谐、美丽。

三峡库区加快发展特色生态效益农业的思考

——以奉节县为例

（中共奉节县委党校　张和平
中共重庆市大渡口区委党校　向炜）

党的十九大报告指出：人与自然是生命共同体，人类必须尊重自然、顺应自然、保护自然；生态文明建设功在当代、利在千秋。在三峡库区，涵养好一库碧水，保护好库区两岸青山是事关三峡库区长远发展的重要任务。如何在养水护山的同时发展经济，这已经是一个迫在眉睫、亟须解决的问题。

从我国农业发展的经验和三峡库区的实际状况分析，加快发展特色生态效益农业是推动三峡库区绿色发展的有效选择。特色生态效益农业是运用生态学和经济学的原理，以先进、适用的农业技术为基础，以保护和改善三峡库区农业生态环境为核心，以优化农业生产结构、增加三峡库区农民收入为目标，在为库区提供相对优美的生活环境的同时为社会创造更多效益。

一、三峡库区加快发展特色生态效益农业的优势

（一）国家战略布局有助于特色生态效益农业发展

《长江经济带发展规划纲要》的实施和"三峡生态经济合作区"建设的启动，让三峡库区再次成为全国瞩目的发展热点，这为三峡库区发展特色生态效益农业带来了千载难逢的机遇。一方面，中央和地方在土地、税收、流通、投入、服务等方面给予了政策支持和财政支持，农业发展软环境从根本上得到了改善，农业新品种、新配套技术、新思想观念，以及资金、人才和信息等一系列问题得到了解决。另一方面，库区的交通、通信、环境等基础设施得到极大改善，大大促进了库区农特产品扩大规模、提档升级，加快了农特产品与国内外大市场接轨的进程。

（二）"精准扶贫"政策有助于特色生态效益农业发展

国家"精准扶贫"的相关政策为三峡库区带来新的发展契机。

一是产业扶贫政策，促进形成了一批政策支持力度大、市场前景好、辐射带动作用明显的特色产业，形成了"一村一产""一乡一特"的局面。通过产业带动，增强了贫困地区经济发展的内生动力，从而使农村劳动力不断回流，经济来源持续不断，发展活力不断增强。例如，奉节的脐橙产业，因其"中华名果"的美誉，远销全国及东南亚，目前种植面积达 30 万亩，年产量达 26 万吨，综合产值达 15 亿元，约 8 万户村民获得较好的经济效益，30 万人从中

受益。

二是高山生态扶贫搬迁推进了特色生态效益农业的发展。首先，村民搬迁至集中安置点后，原有的大量耕地和宅基地闲置出来，村民可将土地进行流转，为特色效益农业的集约化、规模化经营提供了条件。其次，在村民安置时国家给予了较多的生产安置基金和培训资金，使村民既能学习、掌握特色生态效益农业发展的信息，又具备一定的经济实力来发展特色生态效益农业。最后，国家在移民安置土地的使用政策上，给予了缓冲期，在三峡库区蓄水淹没土地前，移民可以继续使用原来的土地，这使特色生态效益农业有了土地、时间上的发展余地及技术上的累积基础。

三是各项资金扶持政策助力，如小额免息贷款等，为库区农民发展特色生态效益农业提供了资金支持，解决了发展特色生态效益农业最关键的问题。

（三）独特的自然条件有助于特色生态效益农业发展

三峡库区位于亚热带湿润性季风气候带，雨量充沛，四季分明，具有光、温、水、土壤相互配合、协调良好的自然条件。多宜性的自然环境，不但使三峡库区具有相当丰富的农业种植资源，而且拥有更多的农作物栽培适宜区。

以三峡库区内的奉节县为例，奉节县属于中亚热带湿润性季风气候，四季分明，无霜期达287天，年平均降水量1132毫米，日照时间约1639小时，是典型的垂直立体气候，适合农作物生长。凭借独特的地理环境优势和立体气候条件，奉节县围绕"低山脐橙、中山油橄榄、高山中药材"三大农业支柱产业和红豆杉、蚕桑、高山绿色蔬菜等一系列优质农特产品,发展特色生态效益农业,打造高中低三带立体农业产业格局,走出了一条绿色发展、特色发展的道路,正向全国优质农产品大县的方向迈进。得天独厚的自然条件,使特色生态效益农业的选择面更宽,生产成本更低,市场的适应性更强,真正做到"人无我有,人有我新,人新我优,人优我变",让农产品走出大山、走出库区,成为库区百姓发家致富的源泉。

二、三峡库区大力发展特色生态效益农业存在的不足

(一)农业技术人才匮乏

人才是21世纪各个行业的核心竞争力。农业技术人才的匮乏,是阻碍三峡库区特色生态效益农业发展的重要制约因素。一是三峡库区长期形成的传统小农经济,很难支撑起含有较高科技知识和技能的特色生态效益农业项目的研究。二是三峡库区地处偏远山区,技术人才难以引进,造成了农业技术人才大缺口。

(二)农特产品的种类与市场的需求不对称

三峡库区的特色生态效益农业发展迅速,初见成效。但整体来看,三峡库区的农特产品种类与市场需求不对称的情况较为严重。例如果树种类布局方面,从巫山至重庆市区近600公里的江

岸,无处没有柑橘园,导致产品同质化现象严重,供大于求。然而市场上供不应求的优质油橄榄,却未形成种植规模。以奉节县为例,现有的6万亩油橄榄仅1.6万亩形成规模化生产。又如现代都市人对乡村观光、农业体验等乡村旅游越来越青睐,然而库区以消费需求来指导生产的特色生态效益农业还在起步阶段,暂时还不能满足广大消费者乡村休闲旅游的需求。

(三)农特产品不具规模,产品商品化率有待提高

三峡库区属于传统的小农经济地区,农特产品种类繁多,虽然是纯天然的绿色产品,品质优良有保证,但大多属于个体农户小量生产,各具特色,不具规模效应。各自为政的农特产品良莠不齐,难以实现生产的标准化、规范化及品牌一体化,不具备竞争优势,产品商品化率有待提高。农特产品的规模和品质与消费者多样化、个性化的需求之间还存在一定差距。

(四)库区农民的思想观念有待改变

长期以来,三峡库区交通闭塞、信息获取滞后、教育落后、农业技术水平普遍较低,从而导致库区农民的思想观念也较为落后。陈旧的农业生产习惯、传统的小农经济意识、单一的农业生产结构、封闭的农业商品市场、落后的栽培管理技术等禁锢了农民的思想,农民竞争意识不强。这些因素叠加,与特色生态效益农业需要的规模化、产业化、集约化、商品化生产的特点不相融,阻碍了三峡库区特色生态效益农业发展。

三、三峡库区加快发展特色生态效益农业的途径

(一)大力培养高素质的农业技术人才

农业专业技术人才是三峡库区大力发展特色生态效益农业的关键所在,要使库区的特色生态效益农业取得长足发展,就必须下大力气打造一支高素质的农业专业技术人才队伍。首先,利用移民培训、贫困户产业发展培训等专项培训加强对库区农民、专业合作社社员和农业公司员工的培训,通过实地考察等方式,学习先进的经验做法。其次,通过奉节县"高新技术人才引进"的相关政策,引进优秀的农业专业技术人才,用优厚的待遇和条件尽可能留住人才。最后,引进专业生物技术研究团队,加强对农特产品深加工的研发,促进农特产品向纵深发展,给农户带来更大的经济效益。

(二)树立品牌意识,走商品化道路

农特产品标准化、特色化、品牌化、商品化是特色生态效益农业为民致富的必由之路。要使农特产品具备竞争优势,被市场接受和认可,就必须树立品牌意识,走商品化道路。奉节县的"奉节脐橙"是中国驰名品牌,巫山县的脆李有"中华名果"之美誉,这些品牌无疑为当地的特色农业做了很好的宣传。但"酒好也怕巷子深",在大数据时代,要充分利用互联网、新型媒体对库区农特产品进行宣传,推出"名、优、特"产品,打造本土品牌,使库区的特色生

态效益农业走出库区,走向世界,为库区代言,也为库区农业、农村、农民的发展提供不竭动力。

(三)积极引导,激发农民内生动力

"观念决定出路",只有从农民本身着手,从思想观念入手,激发他们的内生动力,才能使库区特色生态效益农业取得长足发展。一是,通过农民夜校、免费移民培训、送科技下乡、产业扶贫等方式,积极引导农民主动了解、认识特色生态效益农业。二是,为减少农户"单打独斗"的生产方式,鼓励农户加入专业合作社或农业公司。专业合作社或农业公司向农户提供免费的种养技术培训、疫情预防培训等,让农户少走弯路,生产出更多、更优质的产品,从而提升农户的积极性。三是,给予农户更多技术、资金的支持,让他们无后顾之忧,大胆尝试、开发特色生态效益农产品。

发展全域旅游　实现绿色崛起

（中共远安县委党校　严玉露）

2015年10月，党的十八届五中全会提出了创新、协调、绿色、开放、共享的发展理念，对破解新常态下发展难题、增强发展动能、厚植发展优势具有重大指导意义。作为全省绿化达标第一县，远安县深入学习和贯彻落实习近平关于生态文明建设的新理念、新思想、新要求，坚定不移走生态优先、绿色发展之路，将全域旅游作为推动经济增长的新引擎，发展质效显著提高。2016年2月，远安县成为首批262个"国家全域旅游示范区"创建单位之一，在探索绿色富民道路上取得了较好的成绩。

一、绿色理念指导下远安县发展全域旅游的主要做法

（一）理念凝绿，全域统筹强化新引领

牢固树立绿色发展理念，着力破除不符合绿色发展的思想障碍和体制机制障碍，注重顶层设计，做好统筹谋划，在湖北率先组建县级旅游发展委员会，强化组织保障。在全域规划上，率先探索

国民经济和社会发展规划、全域旅游规划、城乡总体规划、土地利用规划、生态环境保护规划"五规合一"。构建"1+4"(即一条旅游发展轴线加四大旅游组团)的全域旅游空间发展布局。出台《全域旅游实施意见》《旅游项目招商引资优惠办法》,编制《全域旅游工作手册》,强化政策保障。实施"1+3"综合协调执法模式,成立旅游公安、旅游工商、旅游巡回法庭,强化部门联动,为推动旅游业大发展营造良好环境。

(二)产业转绿,经济融合构建新格局

将全域旅游与农业、工业、文化产业深度融合,践行绿色发展理念。一是与休闲农业融合,把农业"种成风景"。大力发展香菇、油菜、葡萄、草莓等蔬菜、水果种植,努力在不同的季节为游客提供油菜花海、紫薇花海等赏花美景,以及生态采摘项目等游玩活动,让游客真正体验乡村旅游的乐趣。二是与新型工业融合,使矿山变成青山。启动"中国生态磷都"建设,以旅游的理念推动工业转型。引导矿山企业"二次创业",开发旅游项目,走绿色发展、生态保护之路。三是与文化创意产业融合,让节会变成商会。开展摄影大赛、嫘祖文化节、紫薇花节、油菜花节、国际田野马拉松赛、帐篷音乐节等品牌活动,使其不仅形成良好的宣传效应,同时还成为商贸展销与合作交流的平台。

(三)城乡铺绿,景城一体打造新环境

大力实施"绿色城镇筑基"战略,以发展全域旅游带动环境优化、民生改善。一是分层次建设美丽城乡。按照"精致县城、风情集镇、诗画村庄、靓丽社区、梦里老家"五个层次,着力推进景城一体,完善公共服务,开启处处是风景、处处可旅游的全域旅游模式。二是高标准完善配套设施。加强旅游道路、景观廊道、步行绿道、公共厕所、停车场、休闲设施、餐饮、住宿等配套设施建设,为游客吃、住、行提供便利服务。三是开放式打造精品景区。围绕"1+4"(即一条旅游发展轴线加四大旅游组团)的空间发展布局,实施重点景区攻坚计划,提升景区吸引力。

(四)生态护绿,民生改善构筑新屏障

远安全域旅游树立了"家家是旅游环境,人人是流动风景"的理念。每家每户门前门后都要按照景点标准建设,通过带动全体群众参与建设、整治,城乡环境得到了较大改善,群众的环保意识也进一步提高。同时,大力实施旅游扶贫,设立产业扶贫专项基金,为脱贫意愿强烈、发展潜力较大的群众提供了资金支持。引导乡村居民发展星级农家乐、精品民宿、乡村客栈,总数突破1000家,年接待游客400多万人次,实现贫困户就业近万人。金家湾、翟家岭、金桥等景区周边农家乐、乡村客栈户均年收入20万元以上,百井村"百井馨香"电商平台每月土特产销售额在2万元以上,旅游扶贫成为远安县产业扶贫的重要抓手。

二、绿色理念下远安县发展全域旅游的困难

远安县全域旅游富民成效已初显。在取得成绩的同时,建设

过程中也出现了一些瓶颈。

(一)乡村旅游的"绿色"吸引力不足

1. 景区景点创A工作滞后

县域内目前只有鸣凤山一个4A级景区,离县委、县政府确定的"124"(1个5A级景区、2个4A级景区、4个3A级景区)要求还有很大距离。部分项目资金投入不到位,影响了工程进展。

2. 旅游特色产品供给不足

受地域条件限制,乡村旅游产品开发规模过小,比如"鹿苑黄茶",受地质环境影响,仅集中在鹿苑寺一带长势较好。旅游特色产品深加工不够,整体吸引力不足。在行、游、住、食、购、娱等旅游基本服务要素链中,长期偏重景点、住宿和餐饮环节的供给,忽视购物、娱乐和康养环节的供给,服务链结构失衡,综合经济效益不高。

(二)旅游景区绿色影响力不足

1. 景区品牌影响力不足

一条旅游发展轴线加四大旅游组团的空间布局虽已设定,但四大旅游组团的详细规划、行动计划未出台,各个景区景点建设各自为政,存在部分旅游项目模式雷同、重复建设等问题,导致景区品牌影响力不足,旅游市场竞争力较弱。原有的旅游核心景区——鸣凤山管理制度有待规范,辐射带动作用尚未显现。

2.营销宣传力度不够

旅游营销宣传是一个景区提高知名度、吸引客源的重要环节。远安县通过电视、报纸等媒体,以及制作宣传片、宣传手册、举行节庆活动等方式对县域旅游在践行绿色发展理念等方面进行了大力宣传,尤其注重整体宣传,但特色景点、景区宣传点挖掘不充分,绿色内涵挖掘还不够,且缺乏强有力的营销设计,对旅游的拉动作用不明显。

3.资源整合力度有待加强

一是由于因部分管理部门正在进行体制机制改革,沟通不够通畅,监管合力尚未形成。二是自然资源、人文资源之间缺乏有效结合,景点景区较为分散。

(三)旅游服务绿色特质不够

1.服务理念不够先进

当前,景区管理部门对绿色发展理念有了一定的认识,但还不够深刻,绿色发展的思路还有一定局限性。主要表现为旅游服务在做好游客食、住、行、游、购、娱,探索会、康、教等相关要素中绿色理念融入不够,缺乏围绕增强游客乡村生活体验、提升梦里老家感受的设计。

2.服务特色不够明显

原始的自然风貌、真实的民风民俗、古朴的村庄作坊,土生的农副产品等是乡村旅游最大的特点,这种在特定地域所形成的"古、始、真、土",具有城市无可比拟的贴近自然的优势,为游客回归自然、返璞归真提供了优越条件。然而在旅游开发上,对这些特色特点挖掘不够,农家乐菜肴、娱乐项目与一般城市的差别不大。

3. 服务设施不够齐全

景区创A建设缓慢,未达到一定水准,也影响到了高档餐饮、酒店、停车场等配套设施建设。旅游公共服务中心的游客集散功能、导游导览功能、自驾服务功能、自行车服务功能、跑步赛道服务功能、自主性探索旅游服务功能等离高标准的服务要求还有一段距离。同时,旅游规划、行业管理、景区经营、导游服务等专业人才缺乏,直接影响游客的旅游质量。

4. 旅游大数据中心建设滞后

建立旅游大数据中心,可为科学研判旅游运行和市场趋势、开展旅游经济运行研究提供有力支撑和依据。目前各地的旅游大数据中心建设也均处在起步阶段,缺乏可以借鉴的有效经验,远安县在这方面的建设比较滞后。

(四)旅游产业绿色内涵挖掘不够

1. 旅游产品包装不精

一种产品,只有具有文化内涵,被赋予一定的意义,才会对游客有足够的吸引力。旅游土特产品和旅游纪念品的包装设计,由于缺乏"独""特"的意识,缺乏艺术价值和文化内涵,所以对提高产品销售量的作用有限。

2. 文化内涵挖掘不深

远安县拥有丰富的嫘祖文化、道教文化、楚文化、地质文化等文化资源,但在地域文化挖掘、保护、传承等方面与旅游资源融合上做得不够。比如乡村旅游,仅仅停留在吃土菜、赏田园风光、摘时令鲜果等表层项目的开发上,缺乏文化内涵,旅游生命力、活力不足。

三、以绿色理念推进远安县全域旅游建设的建议

(一)坚持项目驱动,提升绿色吸引力

1.狠抓招商引资,强化投入保障

远安县致力打造湘鄂黄金旅游走廊和乡村度假目的地,必须找准着力点、选好突破口、列出时间表,分步建成一批旅游绿色项目,以项目带动旅游业大发展。一是根据远安县"十三五"规划,结合全县旅游发展实际,在旅游资源普查的基础上,继续以绿色理念为指引,完善、编制远安县旅游建设项目库。二是创新旅游招商方法和模式,融合开展旅游招商工作,注重"攀大引强",主动面向实力雄厚、坚持绿色发展理念的大企业、大集团开展招商,借助其先进的旅游建设和运营模式,加速景区的提档升级。三是为签约、在建、续建的各个旅游项目提供全程优质服务。

2.延伸产业链条,开发旅游产品

开发一批具有远安独特风味的地方小吃和特色餐饮,让"远安味道"成为"湖北味道"的精品。鼓励文化、艺术、科技等行业人员发挥专业优势,开发出传统与现代相结合的旅游绿色纪念品。

3. 挖掘文化潜力，注入旅游活力

深入挖掘嫘祖文化、楚文化、道教文化、三国文化、红色文化、知青文化等文化资源，开展深度旅游。以县文联为主，成立"嫘祖文化研究会"，结合"一带一路"倡议，重点挖掘丝绸文化，做强祭祖寻根游。组织专门人员收集整理史实资料、实物、民间故事、谜语、歇后语、山歌等，提炼民俗文化和农耕文化，将乡村的"老气""土气"与乡村旅游有机结合，让游客更多参与民俗活动，不仅玩得开心，而且从中了解远安的历史。

（二）实施品牌带动，强化绿色影响力

1. 突出地域特色，建强龙头景区

重点推动"鸣凤山—金家湾—鹿苑寺"区域捆绑创建5A级景区，将武陵峡、翟家岭区域打造成第二个5A级景区，全面提升全域旅游的品牌形象。

2. 实施品牌营销战略

大力打造鹿苑烧烤、横鼎漂流、金桥赏荷等特色旅游品牌，鼓励发展以绿色为主题的营地，丰富自驾游活动。

3. 创新全域旅游营销方式

建立政府部门、行业、企业、媒体、公众等参与的营销机制，建立智慧旅游平台，通过举办国际田野马拉松赛、油菜花节等大型活动，制作宣传视频或宣传手册，在主流媒体上做广告等方式开展宣传推广活动，打响品牌。

（三）提升精细管理，推进绿色服务

1. 完善旅游服务体系

一是完善游客咨询服务体系。加快花林寺镇、洋坪镇和嫘祖镇旅游信息咨询中心的建设步伐，尽早为游客提供旅游咨询便利服务。二是规范并完善旅游引导标识系统。在车站、景观、道路、景区设置旅游标识牌，做好旅游指引。三是合理配套建设旅游停车场，把配套服务做到更优。

2. 推进服务智能化

加快智慧旅游建设和旅游大数据中心研究，与电商合作，吸纳邮乐购、天猫、京东等大型电商入驻，将游客集散与电商运营中心、体验店建设相结合，构建集旅游咨询、票务预订、导游服务、集散地和农产品网上交易等功能于一体的综合性旅游公共服务平台。

3. 完善旅游志愿服务体系

加大对旅游从业人员的培训力度，提升服务意识。发挥先进典型、党员干部、青少年群体的带动作用，引导广大群众加入志愿者队伍，实现人人是导游、全域旅游全员参与的目标。帮助符合条件的志愿者组织孵化，完善志愿者、志愿服务组织的评价表彰体系，建立一支管理规范、服务专业的志愿者队伍。

（四）突出产业融合，丰富旅游内涵

1. 进一步推进"旅游＋城镇化、工业化和商贸"

深化"三城联创"建设成果，按照精致县城、风情集镇、靓丽社区、诗画村庄的设计,加快桃花岛、枇杷州湿地公园建设,持续实施农村土坯房消危改造项目,改善城乡面貌。支持湖北三峡灵芝产业发展有限公司、远安鹿苑黄茶有限公司、湖北森源实业投资集团等企业开辟旅游观光通道,建设体验园,将创意产品与旅游文化结合起来进行包装。结合远安县军民融合发展示范县创建工作,改造军工企业厂址厂房,建设三江军事博物馆,挖掘远安作为我国重要的三线基地对游客的吸引力。

2. 进一步推进"旅游＋农业、林业和水利"

利用全国休闲农业和乡村旅游示范县品牌效应,在沮漳河沿线、主要旅游干线选择适宜的村和农业产业化龙头企业,培育国家、省级休闲农业与乡村旅游示范点。抢抓生态治理试点机遇,建好"生态导读",讲好"生态故事",丰富远安县乡村旅游文化内涵。结合森林城市、森林公园、湿地公园等创建工作,发展森林、湿地科考游。

3. 进一步推进"旅游＋文化体育"

推进文化体育与旅游项目、旅游节会的广泛融合,积极策划嫘祖故里寻祖、楚人"远安"寻根、道教圣地参观等旅游项目,继续办好国际田野马拉松赛,借助大型活动充分展示远安县的文化旅游魅力。

4. 进一步推进"旅游＋交通、环保"

建好景观大道和通景公路,对所有道路进行绿化,实现旅游公路无缝对接。开通旅游专线,建立旅游集散中心、旅游咨询服务点。通过整合资源,改善城乡环境,为游客提供更加便捷的服务,使远安县成为一个宜居、宜游的胜地。

党校作为篇

党校在践行绿色发展理念中的角色定位与职能发挥

(中共忠县县委党校 宋婧)

习近平在中共十八届五中全会上提出创新、协调、绿色、开放、共享"五大发展理念"。在党的十九大报告中,生态文明被提及12次,绿色被提及15次,且首次提出建设"富强民主文明和谐美丽"的社会主义现代化强国的目标;提出要"加快生态文明体制改革,建设美丽中国",明确了推进绿色发展的工作任务,彰显了以习近平为核心的党中央推进生态文明建设的意志和决心。

一、深刻理解绿色发展理念的时代内涵

绿色发展理念是中国共产党把马克思主义理论同我国发展的具体实践相结合,形成的具有时代特征和中国特色的发展理念,它要求坚持节约资源和保护环境的基本国策,像对待生命一样对待生态环境,统筹山水林田湖草系统治理,实行最严格的生态环境保护制度,形成绿色发展方式和生活方式,坚定走生产发展、生活富裕、生态良好的文明发展道路。

从经济发展角度看,绿色发展是实现创新驱动的发展。我国

经济进入新常态,经济转型升级逐渐步入从量变到质变、从要素投入到创新驱动的新阶段。绿色发展要求将"生态文明建设作为开发绿色资源、积累绿色资产、拓展绿色空间、收获绿色效益的发展手段"[1],全面强化经济转型升级过程中的技术创新、管理创新和文化创新,从而实现生态系统和经济系统的良性循环。

从政治建设角度看,绿色发展是对党和政府治国理政能力提出更高要求的发展。面对传统发展模式带来的发展困境,系统推进绿色发展不仅是推进国家治理能力现代化的重要抓手,也是我国融入国际治理体系的重要切入点,更有助于我国在引领世界经济发展、推进生态建设和价值引领方面发挥更大的国际影响力。

从社会发展角度看,绿色发展是广泛惠及民生的发展。治政之要在于安民,习近平在海南考察时指出,"良好生态环境是最公平的公共产品,是最普惠的民生福祉。"面对人民群众对美好生活的向往,坚持绿色发展、绿色惠民,实现天更蓝、山更绿、水更清、环境更美,是中国共产党为人民谋福祉的科学抉择。

从文化价值角度看,绿色发展是倡导人与自然和谐共生的发展。绿色文化是崇尚自然、保护环境、促进资源永续利用、使人类可持续发展的文化。"让居民望得见山、看得见水、记得住乡愁"的绿色文化观,不仅展现了人类对美好生活环境的向往,更有助于凝聚社会共识、推进社会和谐、坚定文化自信、弘扬绿色文化。

从生态环境角度看,绿色发展是保护生态环境的发展。它坚持社会主义生态文明观,强调推动形成人与自然和谐发展的现代化建设新格局。"绿水青山就是金山银山"的理念破除了发展与"绿色"之间的二元对立,摒弃了以往"先污染后治理""边污染边治理"的传统发展路径,要求我们探索还自然以宁静、和谐、美丽的新路径,提供更多优质生态产品以满足人民日益增长的优美生态环境需要,为子孙后代留下天蓝、山绿、水清的生产生活环境。

综上所述,绿色发展的价值内涵要求地区发展所涉及的领导方式、思维方式、生产方式以及生活方式都要围绕"绿色""生态"做文章,对于党校而言,理解并挖掘绿色发展理念的理论依据和现实依据,是践行绿色发展理念的前提和基础。党校教师要学深学透,认识到践行绿色发展理念的重要性和必要性,自觉在党校教学活动和科研活动中贯彻绿色发展理念。

二、党校在践行绿色发展理念中的角色定位

党政领导干部是党的执政意志、执政理念和执政目标得以具体贯彻落实的关键群体,培养造就一支具有铁一般信仰、铁一般信念、铁一般纪律、铁一般担当的干部队伍,是党中央赋予党校的重要使命。党校,在国际上被称为中国共产党成功的"秘密",正如习近平在全国党校工作会议上强调的,"世界上没有哪一个政党像我们党这样重视干部教育培训工作,充分发挥党校在党和人民事业中的独特作用。"党校正是共产党作为执政党,践行绿色发展理念的重要阵地,也是培养造就一支践行绿色发展理念"四铁"干部队伍的重要部门。

(一)党校是全党统一思想的重要阵地

毛泽东曾指出:"我们办党校,就是要使全党的政治水平和理论水平提高一步,使我们党更加统一。"[2]从1924年共产党成立第一所党校——中共安源地委党校起,党校就被赋予了"养成指导人

才"的功能。发展至今,为我党培养一支跟党走、坚决贯彻执行党的决定的干部队伍,是党校义不容辞的责任和使命。习近平在全国党校工作会议上强调:"党校要旗帜鲜明、大张旗鼓讲马克思主义、讲中国特色社会主义、讲共产主义,旗帜鲜明、大张旗鼓讲党的性质、讲党的宗旨、讲党的传统、讲党的作风。"绿色发展理念作为五大发展理念之一,关系到经济、政治、文化、社会以及生态环境等方方面面。党校要充分发挥发声亮剑的作用,积极宣传绿色发展理念的内涵、相关政策,努力在全党凝聚践行绿色发展理念的共识。

(二)党校是党的执政理念的宣讲基地

中共中央颁布的《中国共产党党校工作条例》第五条明确规定,"党校的基本任务是:培训轮训各级党员领导干部……针对改革开放和社会主义现代化进程中的重大理论和现实问题,开展马克思主义中国化最新成果的理论宣传,开展党的路线、方针、政策的宣传"。毛泽东曾讲过,"政策和策略是党的生命"[3],"政治路线确定之后,干部就是决定的因素。"[4]而确定干部的过程就是运用党的政治意识形态、政治路线对干部进行教育培养的过程。由此可见,在党校办学过程中,积极宣传绿色执政理念、绿色实践经验是党校履职尽责的必然要求。党校要充分发挥干部教育培训主渠道、主阵地的作用,围绕本地社会经济实践和自然环境,积极宣传绿色发展理念,总结归纳本地绿色发展的典型案例,把党中央关于绿色发展理念的重要论述、发展要求宣传到位,引导学员树立绿色政绩观,把绿色发展理念贯彻落实到履职尽责的要求中。

（三）党校是党委和政府的绿色发展智库

智库建设是新时期党校的一项重要工作，党校要紧紧围绕各级党委政府中心工作和发展难题扮演好决策咨询角色，充当各级党委政府推动绿色发展的研究基地。绿色发展理念和相关政策只有与地方客观实际相结合才能富有生命力。为此，各级党校要坚守理论研究高地和发挥地情研究基地职能作用，结合地区发展情况、生态文明建设情况深入调研，及时发现区域内践行绿色发展理念中存在的问题，做到上接天线、下接地气，为地方党委政府践行绿色发展理念出谋划策。

三、党校在践行绿色发展理念中的职能发挥

绿色发展理念深谙经济社会发展规律、代表民众对美好生活的向往、展现执政党的智慧与担当。党校作为党委的重要部门，要在践行绿色发展理念的过程中走在前列、发挥职责、做出表率，为推动绿色发展做出贡献。

（一）当好"样板间"，建设绿色校园

党校校园是教育的场所，是学员学习和生活的地方，良好的校园环境和校园文化是"无言之教"。近年来，各级政府越来越重视党校的发展和建设，特别是全国党校工作会议召开后，各地纷纷投入人力、财力、物力加强党校阵地建设，无论是优化校园环境还是优化培训管理，都要在践行绿色发展理念、建设绿色校园、弘扬绿色文化上发挥示范作用。

一是在阵地建设上,要建设环境优美的党校。在规划设计时实现建筑、道路、水系与植被的和谐统一,给学员提供一个设施更为完备、功能更为齐全、环境更为优美的绿色校园。

二是在文化建设上,要营造绿色文化氛围。可以着力在党校文化建设上下功夫,比如设置绿色标语,校园环境细节上的温馨提示,让学员自觉在美丽校园中感悟绿色真谛。

三是在培训管理上,要完善节能减排机制。绿色校园之美,除了人文景观之美,还包括节能减排的高效管理模式。在培训管理上,要积极建立健全各类节能减排制度,从节约用电、用水、用材等点滴小事抓管理,做到校园绿意盎然与管理高效节能的有机统一。

(二)当好"大熔炉",锻造绿色铁军

在全面建成小康社会决胜阶段的重要时期,党校坚持党校姓党的根本原则,就要自觉把践行绿色发展理念、推进生态文明建设的相关要求贯穿党校教学工作始终。

一是突出主业主课,抓好党的理论教育和党性教育。培养造就一支传承红色基因的"四铁"干部队伍,自觉用绿色发展理念武装头脑,把绿色发展理念作为党性教育的重要内容加以规定。

二是严格落实生态文明建设专题入党校课堂。党校要积极贯彻落实《中共中央 国务院关于加快推进生态文明建设的意见》的精神和党的十九大精神,把生态文明建设内容纳入干部教育培训计划,在各主体班中设置生态文明课程,并安排专职教师和邀请行业专家讲授生态文明相关专题,引导领导干部践行"绿水青山就是金山银山"的理念。

三是挖掘建设生态文明现场教学基地。各级党校要在创新培训方式上下功夫,加强生态文明理论研究,挖掘生态文化内涵,开设生态文明教育课堂,创建生态文明教育基地,如推进绿色生态建设示范区教学点、美丽乡村、田园综合体等现场教学基地建设,把绿色政绩观作为党校"必修课"和"常修课",让学员通过现场体验感悟绿色文化,树立绿色发展理念,争当勇立潮头的"绿色发展排头兵"。

(三)当好"布道师",宣传绿色理念

落实绿色发展理念,是涉及我们生活方式、行为规范、思维方式以及发展方式的伟大变革,需要全民参与。党校是政策宣讲的重要阵地,党校教师要当好绿色发展理念的"布道师",通过送课下乡,十九大精神进机关、进社区、进企业、进农村、进校园、进医院"六进"活动,微党课等活动,通过微博、微信、QQ等多媒体平台把绿色发展、生态文明建设等相关理念传到千家万户。挖掘身边案例,讲好区域故事,总结提升保护生态环境的先进做法并进行宣传推广,吸取破坏生态环境的教学案例,避免重蹈覆辙,引导广大党员干部和人民群众落实绿色发展理念,践行绿色生产方式和生活方式,像对待生命一样对待生态环境,争当绿色环境的守护者。

(四)当好"智囊团",助力绿色决策

习近平在全国党校工作会议上强调:"希望党校聚焦党和国家中心工作、党委和政府重大决策部署、社会热点难点问题进行深入研究,及时反映重要思想理论动态,提出有价值的对策建议。"党校要积极加强智库建设,当好"智囊团",为党委和政府绿色决策提供智力支持。

一是要关注国家层面关于绿色发展理念的顶层设计,深入解读相关大政方针和战略部署,精准把握国家出台的生态文明政策,加强对新时代生态文明建设相关理论的研究,密切关注大环境下的绿色发展动态和新形势。

二是要善于结合区域实际做文章。围绕地区践行绿色发展存在的问题开展调研,确定生态文明建设、制度机制建设、绿色生产方式、宜居城市建设、美丽乡村建设等相关科研项目,形成有理论价值和实践价值的科研咨政文章,为当地绿色发展提供决策参考。

实现绿色发展、建设美丽中国是全体中国人共建共享的事业,需要全民参与,共同行动。党校作为党委的重要部门,要率先垂范,充分发挥理论研究、干部培养和政策宣传的职能作用,为社会主义生态文明建设贡献力量。

参考文献

[1]刘德海.绿色发展理念的科学内涵与价值取向[J].江苏社会科学,2017(3).

[2]毛泽东.毛泽东文集(第3卷)[M].北京:人民出版社,1996.

[3]毛泽东.毛泽东选集(第4卷)[M].北京:人民出版社,1996.

[4]毛泽东.毛泽东选集(第2卷)[M].北京:人民出版社,1991.

渝东北片区基层党校绿色教育的困境及对策研究

(中共云阳县委党校 谭沈 谭伟)

中共十八届五中全会明确指出,实现"十三五"规划的发展目标,破解发展难题,厚植发展优势,必须牢固树立并切实贯彻创新、协调、绿色、开放、共享的发展理念。十九大报告强调加快生态文明体制改革、建设美丽中国。在此背景下,将绿色教育融入党校的教学科研咨政中,对于党政干部形成绿色发展理念、增强绿色发展能力、推动地方经济绿色发展,具有十分重要的作用。

一、基层党校绿色教育的重要意义

(一)绿色教育是实现中华民族永续发展的需要

改革开放以来,在中国共产党的坚强领导下,全国人民艰苦奋斗,依托后发优势、制度变革、人口红利、技术进步、商业变革、现代物流等全要素生产率的提高,中国经济社会发生了历史性变化,取得了举世瞩目的成就。但是发展过程中出现了过度追求物质产品、忽视可持续发展的现象,导致资源极度浪费,环境污染严重,生态系统退化,发展与人口、资源、环境之间的矛盾日益突出,影响了经济社会的健康发展。因此,践行绿色发展理念、加快推进生态文明建设成为全党、全社会的共识,生态文明建设被放在突出的战略位置。为了蓝天常在、青山常在、绿水常在,实现中华民族永续发展,基层党校必须切实增强责任感和使命感,加强绿色教育,为地方绿色繁荣、特色发展尽一份力。

(二)绿色教育是干部自身成长的需要

领导干部是政策的制定者、执行者,肩负着实现中国梦的重任,是建设现代化强国的关键少数,是地方事务的重要推动者。在基层干部的日常工作中,环保工作压力巨大,如农村的面源污染,包括过度使用农药和化肥导致农产品药物残留超标,牲畜养殖中排泄物污染,垃圾污染,重金属污染,水污染等问题,严重影响环境质量;城市的噪声污染、大气污染、水污染,严重影响人们的身体健康。一些欠发达地区在推动经济发展过程中,过度依赖资源消耗投入、固定投资等办法来推动经济的发展,绿色经济体系尚未建立,绿色指标体系在干部考核工作中没有得到体现。党的十九大强调,我们要建设的现代化是人与自然和谐共生的现代化,必须坚持节约优先、保护优先、自然恢复为主的方针,形成节约资源和保护环境的空间格局、产业结构、生产方式、生活方式,还自然以宁静、和谐、美丽。这对干部执政理念的变更、对地方经济的转型升级提出了更高的要求。党校作为干部教育培训的主阵地,必须强化推进绿色教育的教学设计和课程体系设置,引导党员干部自觉增强"四个意识",牢固树立绿色发展理念。

二、基层党校绿色教育的内涵

绿色发展离不开绿色教育的支持。清华大学原校长王大中院士认为:"绿色教育就是全方位的环境保护和可持续发展意识教育,即将这种教育渗入自然科学、技术科学、人文和社会科学等综合性教学和实践环节中,使其成为全校学生的基础知识结构以及综合素质培养要求的重要组成部分。"[1]可以看出,绿色教育既具有科学属性,又有人文属性,在教育方式上是将有关涉及绿色可持续发展的教育融入人际关系教育和人的综合素质教育中。就基层党校职能来看,主要是进行党的理论教育和党性教育,宣传党的理论、路线、方针、政策,提高干部科学执政、民主执政、依法执政的能力。基层党校绿色教育的目标主要是培养干部的绿色发展思维,能够利用绿色发展理念来思考、解决问题,促进地方经济社会的绿色发展,能够在履职尽责的实践中自觉践行绿色发展理念。因此,党校绿色教育是对党政干部开展的尊重自然、顺应自然、保护自然的教育,特别是资源、环境、可持续发展等方面的教育,简而言之就是生态文明教育,其目的在于培育党政干部的绿色意识,增进其绿色环保技能,提高其绿色行为能力。

具体地说,党校绿色教育是干部的继续教育,主要包含以下几个方面。一是绿色伦理教育。要以马克思列宁主义、毛泽东思想、邓小平理论、"三个代表"重要思想、科学发展观、习近平新时代中国特色社会主义思想为指导,从人类历史发展的角度,从中国传统文化的角度,从科学社会主义的发展演变角度,去理解和把握社会主义生态文明观,引导干部在日常工作和生活中逐渐形成人与自然和谐共生、环境保护、资源节约等绿色意识。绿色意识是对我国现代化进程中出现的环境问题、发展问题的一种反思,是人们摈弃人类中心主义之后而形成的自然价值与文化价值相结合的新的价值观念。[2]二是绿色知识教育。既包括自然科学知识,又包括与资源、环境等相关的社会科学知识。在党校的绿色知识教育中主要以社会科学知识为主,着重讲解中国共产党人的绿色发展历程,尤其是新时代绿色发展的要求、存在的困难和解决问题的路径等方面的知识,引导干部在执行党的路线、方针、政策过程中自觉践行党的绿色发展理念,推进生态文明建设。三是绿色行为能力的教育。绿色行为能力是指人们对保护身边资源和环境的反应能力,这是衡量人们绿色知识是否正确和足够以及绿色价值观高低的外在表现。因此,党校在进行绿色知识传授和绿色行为规范培训的同时,自然也应该进行绿色行为能力的培养,要求干部在做调研、制定计划、执行政策的时候,切实贯彻绿色发展理念,谱写生态文明建设新篇章。总之,绿色知识、绿色价值观和绿色行为能力三者互相依赖、相互促进,绿色知识是基础,绿色价值观是灵魂,绿色行为是目的。[2]

三、基层党校绿色教育存在的困境

(一)绿色教育课程体系开发滞后

党的十八大以来,国家非常注重生态文明建设,出台多项举措推进生态文明的发展。基层党校也加强了对干部的生态文明教育,加大绿色课程比重,但课程设置大都是为了应付上级布置的任务,课程内容不够全面,也不够系统。一是伦理层面的绿色课程开发难。党校课程设置通常重人文、社会科学,主要解决干部的思想问题,辅助传播部分知识,提高干部的综合素质,以更好地推动工作的开展。如何将绿色教育的理念体现在不同班次的课程中,具体来说就是将绿色教育穿插在党性教育、伦理教育、能力教育、知识教育中,仍然是一项系统性工程。同时,如何将绿色教育本身的伦理课程开发出不同的子专题也是关键,如中华文明的生态文明观等核心课程的开发。二是绿色教育知识层面的内容选择难。绿色教育知识层面的内容很多,涉及多种学科,党校教师所学专业多集中在政治、经济、哲学等学科,自然科学和工程科学专业知识相对匮乏,如何整合党校系统的力量,进行系统周密的课程设计,避免教师的单打独斗存在现实困难。三是绿色教育实践基地开发难。虽然各个党校都有一定数量的现场教学基地,但打造生态文明建设的现场教学基地不多,尤其是反映绿色技术、绿色伦理、绿色行为的主题教育实践基地更少。从另一个角度分析,绿色教育实践基地开发本身难,也反映了绿色发展理念在实践中较为匮乏。

(二)绿色教育方式落后

在基层党校,绿色教育课程内容开设较为滞后,绿色教育多采用教师集中讲授、学员被动接受等传统方式,教学内容的系统性和教学方法的规律性体现不充分。一是绿色教育课程缺乏系统性。党校的绿色教育不仅体现在教学课程中,还应该体现党校工作的方方面面,如学校布局、教学设施、生活设施、生活行为等方面。二是教学方法体现规律性不够。绿色教育的本质是尊重规律,促进人的全面发展。教学课题的选题、设计、授课都要体现绿色标准。

而教学方法如何体现规律性,尚须进一步探索。

(三)绿色教育人才培育难

一是教师素质有待提高。党校教学工作的基础在于有高素质的教师队伍,但现有教师队伍大多在专业上全而不专,专业素质有待提高。且部分教师存在按部就班的想法,缺乏创造力和进取心,不利于绿色人才的培养、绿色课程的开发和绿色教学的开展。二是制度保障不够。党校教师的绩效考核方式较为单一,教师外出学习、考察机会不多,青年教师的成长缺乏较为稳固的制度支撑。这些因素在一定程度上影响了教师工作的开展和业务水平提高。

四、推进基层党校绿色教育的对策研究

(一)更新课程设置,实现绿色课程体系设置

一是建议由省级党校统筹研究绿色教育课程体系。党校绿色教育课程体系由省级党校统筹安排,明确研究主题、研究内容、研究人员、研究经费,采取片区协作的方式,集中优势"兵力"解决重大疑难问题,最后形成绿色教育课程体系。由省级党校集中培养骨干教师,推动地方党校绿色教育发展。二是做好显性课程和隐性课程的设计。显性课程是指以绿色教育为主题而单独开设的必修课程、指定选修课程以及任意选修课程。必修课程一般由培训学员所在地的党校组织学习,选修课程可以通过网络视频的方式进行,选修课程的学分纳入党校学员培训的总体考核中,让学员能够系统接受绿色伦理教育、绿色知识教育、实践教育等各方面的知

识。隐性课程是指在其他绿色教育主题的课程中渗透绿色教育的相关内容,比如班集体活动、党性活动、结业考试中设置绿色教育模块,提高学员的绿色思维能力。

(二)打造隐性育人环境,建设绿色校园文化

在隐性绿色课程的建设方面,可以通过两种途径进行绿色教育。首先,通过改革、调整,充实教学内容,在所有课程中渗透绿色教育。其次,将绿色教育融入绿色校园文化建设,使学员在润物细无声的潜移默化中接受绿色教育。一个布局得当、清洁优美、环境宜人的绿色校园环境,可以在悄无声息中对校园中的党校师生的生活、工作与学习起到约束和陶冶作用。因此,为充分发挥绿色校园文化的熏陶和育人作用,可从校园景观和校园人文两方面入手,营造校园绿色文化氛围。一方面,在校园绿色景观方面认真布局校园绿化带,教室、宿舍、食堂干净卫生,美化程度高,做好节能环保设备的购置,及时回收、处理废弃物品,让学员置身于绿色教室、绿色宿舍、绿色食堂,充分体会绿色之美;另一方面,开展绿色教育宣传活动,激发学员积极践行绿色行为的强烈愿望。

(三)创新教育载体,以信息化技术促进绿色教育

传统的教育手段主要是通过课堂教学、课外实践活动或调查研究传递知识。如今,随着信息技术的快速发展和手机的普及,人们可以通过广播、电视、网络等获取信息和知识。党校教育可以充分利用新媒体传播迅速和互动性强的特点,将绿色理念蕴含于博客、微博、微信公众号、虚拟社区等网络新媒体之中,使之成为传统教育方式的重要补充,提高学员的参与率和学习效果。

（四）提升教师素质，加快绿色教育人才培养

一是重视思想教育。组织开展经常性、制度化的集体学习，向教师灌输绿色发展的理念，让教师自觉将绿色知识、绿色发展理念融入所教专题课程中，让教师通过一言一行来影响学员，提升学员绿色发展的本领。二是重视制度设计。要在教师绩效考核、外出学习、挂职锻炼等方面向党校教师做适当倾斜，为教师提升业务能力搭建平台。三是注重绿色教育中的教学科研咨政一体化发展。要充分发挥基层党校联系地方发展实际的优势，组织党校教师，聘请相关领导、专家谋划绿色发展调研课题，形成有价值的调研报告，供有关领导和部门决策参考，同时将调研课题成果转化为教学专题，促进教师与学员共同学习、共同提高，推动党校绿色教育事业向前发展。

参考文献

[1]王大中.创建"绿色大学"示范工程,为我国环境保护事业和实施可持续发展战略做出更大的贡献[J].世界经济与政治,1999(2).

[2]盛文楷.加强大学生绿色教育的思考[J].福建省社会主义学院学报,2015(6).

地方党校融入三峡生态经济合作区绿色发展的路径分析

(中共忠县县委党校　程靖)

2016年1月5日,习近平在重庆召开推动长江经济带发展座谈会时强调,推动长江经济带发展必须从中华民族长远利益考虑,走生态优先、绿色发展之路,使绿水青山产生巨大生态效益、经济效益、社会效益,使母亲河永葆生机活力。2016年全国"两会"通过的《国民经济和社会发展第十三个五年规划纲要(2016—2020年)》明确提出"建设三峡生态经济合作区"。这对推动三峡地区区域合作,破解三峡区域发展瓶颈,推动长江经济带东中西互动发展,加快形成中国经济新支撑带具有巨大的战略意义。

一、三峡生态经济合作区跨省跨区域发展是大势所趋

三峡生态经济合作区主要包括鄂渝湘的三峡库区、武陵山区的地市,具体而言是指湖北的宜昌、荆州、荆门、恩施、神农架,重庆的万州、云阳、奉节、巫山、巫溪,湖南的张家界等地,面积约17万平方公里,人口约4700万人。三峡生态经济合作区的提出不是对原有省、直辖市行政单元的冲击,而是从地理和空间角度扩展发展

空间的优化选择。

(一)三峡生态经济合作区兴起于中国城市群快速发展时期

三峡生态经济合作区也称"三峡城市群",是继长三角城市群、珠三角城市群、京津冀城市群、成渝城市群、山东半岛城市群、海峡西岸城市群、中原城市群等提出后又一个跨省跨区域协同发展的城市群。在国家新型城镇化战略推进和主体功能区战略指导下,城市群的发展打破了地区之间的行政壁垒,避免了城市的单打独斗和城市之间的同质竞争,有利于市场要素在更广范围内的有序流动和优化配置,也更符合开放包容的现代理念。在长江经济带上,东部有长三角城市群,中部有长江中游城市群,西部有成渝城市群,唯独在三峡库区出现了一个空白地带。要落实习近平关于长江经济带的讲话精神,必须弥补长江经济带的短板,因此三峡生态经济合作区的提出恰逢其时。

(二)三峡生态经济合作区在跨省跨区域发展的优势突出

1. 具备初步成型的经济板块

区域内部东有湖北省率先提出的鄂西生态旅游文化圈和"宜荆荆"城市群,西有重庆市提出的"万开云"板块,南有湖南省长株潭城市群,区域外部还有成渝城市群的辐射和长江中游城市群的影响,加上长江经济带建设的强力拉动,有培育成国家级城市群的潜能。

2. 具备便捷立体的交通网络

除了长江这条"黄金水道",高速公路已经建成沪蓉、沪渝、沪昆、恩广高速等,铁路现有宜万铁路等,机场有万州机场和在建的巫山机场,交通运输网络越织越密,区域内交通通达能力也逐步提高。例如,重庆奉节、巫山、巫溪等地到湖北省宜昌市的高速通达时间约2.5小时,远远少于到重庆主城区的高速通达时间约5.5小时。

3. 具备高度认同的文化纽带

三峡地区的人们潜意识中总会有长江三峡、三峡地区、三峡库区、三峡大坝等几个约定俗成的概念和范围,在长江三峡附近生活的百姓大多也有共同的三峡移民搬迁的记忆,因此这一地区的区域认同和文化认同也为大家接受并深入人心,三峡地区也因此具备了城市群概念内涵所包含的基本条件和借助生态功能区域条件进行城市群发展模式协同创新的比较优势。

4. 具备共享协同的基础

随着"互联网+"、大数据、云计算、物联网等的运用,"让数据多跑腿、让群众少跑路"逐渐变成现实,也让三峡生态经济合作区的共享机制变得越来越成熟。如,重庆市巫山县于2014年底,与宜昌市中心医院、宜昌市第一人民医院签订城乡医保异地结算协议,极大方便了巫山异地就医患者,促进了区域医疗资源的更好整合和共享。

二、绿色发展是三峡生态经济合作区发展的必然选择

三峡生态经济合作区位于长江经济带的"脊梁"处,覆盖湖北、重庆、湖南的部分边远地区,范围内没有省会城市,交通较为封闭,

经济发展较为落后,交通、通信等基础设施建设相对缓慢,很多地区仍然是欠发达地区、连片贫困地区或国家级贫困县市,整体的人口城镇率、城镇化质量、信息化水平低于东部和中部地区,医疗卫生、教育培训、公共福利等有待进一步改善,对外开放程度、经济体量和辐射能力稍逊于长江经济带其他城市群。如果三峡生态经济合作区从传统大开发、大建设的角度,沿袭其他城市群的发展道路,永远会呈现追赶状态。综合分析三峡生态经济合作区范围内的自然资源条件和发展潜力,可依托良好的生态资源,整合丰富的生态要素,实现差异化发展和绿色发展引领。

（一）建设生态文明建设先行示范区

三峡地区是八大国家级重点生态功能区之一,是碳汇交易潜力最大的地区,也是国家实施主体功能区建设、推进生态补偿制度受益较大的地区之一,相比长江经济带下游地区具有明显的生态资源优势,可建设江湖关系和谐、流域水质优良、生态流量充足、水土保持有效、生物种类多样的生态文明建设先行示范区,为下游地区的经济社会发展提供有效的生态屏障和丰富的生态产品,为我国生态文明建设提供重要支撑。

（二）建设生态区域保护先行示范区

从促进三峡生态经济合作区的健康协调和可持续发展的角度,三峡城市群的培育建设有必要统筹考虑跨省、跨地区的宏观生态效应,建立区域内外同步的生态保护、修复和补偿机制,为三峡生态经济合作区的生态保护和基本公共服务开拓更多的保护渠道,建设生态区域保护先行示范区,并上升为国家级生态示范城市群。

（三）建设绿色产业发展先行示范区

长江经济带也是一条密集产业带，产业总量超过全国的四成。三峡生态经济合作区要持续发展，建设绿色产业发展先行示范区，必须注重区域内产业统筹引导布局，注重产业发展与生态环境和谐相融，从而既能拉动经济增长又能防治环境污染，其核心是产业生态化和生态产业化。

三、地方党校融入三峡生态经济合作区绿色发展的建议

党校是地方党委和政府决策咨询的"智囊库"、干部教育培训的"主渠道"、理论宣传的"主阵地"，还是展示当地经济社会发展的窗口。在主动积极融入三峡生态经济合作区绿色发展的进程中，党校大有作为。

（一）依托良好环境，展示地区绿色发展

地方党校本身就可以成为"人与自然和谐共生"的实践者。抓好校园基础设施建设、生态建设和文化建设，打造园林党校、文明党校、品位党校，为学员提供心旷神怡的学习环境。一是科学规划校园学习区、生活区、休闲区，改造校内道路、停车位、绿道，让校园既便利又优美。二是合理布局校园内树木种植和地面植被造型，让校园里绿树环绕、四季花香，各类乔灌木、盆景、盆栽植物相得益彰，让校园本身就是"百草园"，提升校园绿化水平。三是建造具有生态特色、民族特色和文化特色的党校建筑，使其成为当地优化生

态环境和提高城市品位的对外宣传名片。例如,恩施地区党校可以建造具有土家族民族特色的吊脚楼,让建筑融入自然,人与自然和谐相处。四是建设节约型党校,可在绿化带埋入喷灌或者滴灌设备,在楼顶安装太阳能设备,使用太阳能路灯,等等。

(二)依托教育平台,完善生态文明课程体系

党的十八大将生态文明建设纳入"五位一体"建设,各级党委政府对环境保护日益重视。党的十九大也明确提出了"推进绿色发展""着力解决突出环境问题""加大生态系统保护力度""改革生态环境监管体制"等任务。三峡生态经济合作区各级党校应响应号召,形成生态环保和绿色发展课程体系并加大培训力度。一是争取与环保、林业、水利、农委、发改委等部门的互动合作,为党校的课堂教学提供翔实资料、专业指导和课程意见,帮助协调领域内专家学者授课,合作编写绿色发展和生态文明教育专用教材。二是针对本地区学员感兴趣的绿色发展热点和难点问题,系统规划和设计教学内容,认真筛选课程资料,创新授课形式,与学员共同探讨如何实现本地区生态文明和经济建设的共赢。三是将绿色发展的研究成果融入课堂,让各级干部摒弃过去"先污染后治理""先开发后保护"的错误思路,将绿色发展理念融入经济发展,做到对绿色发展先有意识上的觉醒,再有行动上的一致。

(三)依托资源,打造生态文明现场教学基地

三峡生态经济合作区覆盖范围内有丰富的山水林田湖草资源,依托独特的资源可以打造地方党校的生态文明现场教学基地,增强教学的生动性、实践性、实效性。

1. 选好主题

一是在乡村地区大力开发田园综合体现场教学基地,突出以特色效益农业为载体,以农旅结合为手段,引进现代农业新型经营主体,用好用活现有涉农支持政策,形成高效教学组合。二是利用城镇的湿地保护区、滨江消落带、城市公园等,大力打造田园城市现场教学基地。三是在原始生态地区和长江流域开设以"生态廊道和生物多样性"为主题的现场教学基地。四是打造碳排放交易与生态保护补偿现场教学基地。五是针对加强流域生态系统修复和环境综合治理的问题,打造生态治理试验现场教学基地。

2. 用好形式

结合各地在生态文明实践中的先进经验和具体问题,选择专题讲授、现场体验、实地考察、实践锻炼、互动交流、延伸教学等形式,设计训前热身、专题讲授、现场体验、互动研讨、总结提升等环节,探索创造情景模拟教学,形成各种组合模式,彰显三峡生态经济合作区的生态教育特色。

3. 优化线路

三峡生态经济合作区范围内的地方党校,在突出自身2~3个现场教学基地基础上,打通区域内所有现场教学基地线路,在相互借鉴和学习中开拓学员视野、树立绿色发展理念。

(四)依托新兴智库,助力地区发展方式转变

为构建长江经济带重要生态屏障,要坚定不移走"生态优先、绿色发展"之路,严格落实习近平"共抓大保护、不搞大开发"的要求,争当"绿水青山就是金山银山"实践示范区。作为地方党委和

政府的智囊团,党校务必在以下几个方面下功夫。一是积极倡导成立三峡生态经济合作区智囊团队,抓紧编制出台三峡城市群发展规划、区域内长江岸线开发利用和保护总体规划、区域内生态环境保护规划等专项规划,创新完善协同合作机制,加强各地生态产业、生态治理、生态保护合作,形成区域内生态保护和绿色发展的整体联动格局。二是积极拓展与其他地方智库的合作方式,发挥地方政府、高校联盟、智库联盟、社会组织和志愿者的作用,开展前瞻性、战略性、针对性的研究,推出一批具有理论价值和应用价值的成果。对于地方发展指定的研究课题,采取当地研究室与党校牵头、其他智囊团队联合攻关的模式,为地方党委政府在绿色发展方面提供决策咨询,为地方党委政府的施政纲领贡献智慧,真正让绿色生态变成绿色经济、让美丽环境变成美丽经济。三是把区域内党校跨区域、跨省域的理论研讨会作为生态文明、绿色发展的重要交流平台,加强国际国内合作交流,交流各地区在绿色发展中的好经验、好做法,推动建立区域内省市级协商合作机制,促进在生态环保领域内形成统一的考核、奖惩等制度,积极探索环境保护、生态维护、绿色发展的新路径。